# 今とは違う経済をつくるための15の政策提言

Nouveau Manifeste des économistes atterrés
:15 chantiers pour une autre économie

現状に呆れている経済学者たちの新宣言

ヨーロッパの怒れる経済学者たち［著］
的場昭弘［監訳］ 尾澤和幸［訳］

作品社

# 日本語版序文①――屈辱的な流れを変えよう！

〔以前の宣言に続き▽01〕日本の読者に今この『今とは違う経済をつくるための15の政策提言――現状に呆れている経済学者たちの新宣言』〔以下『新宣言』〕をお届けできて、私はとても幸せです。そしてそれを読んでいただけることを喜んでいます。これは私および「ヨーロッパの怒れる経済学者たち」にとっても光栄の至りです。

フランスではこの『新宣言』が半年も経たないうちに2万部以上も売れていて、この宣言に含まれている提言のいくつかは、２０１７年のフランス大統領選挙で間違いなく議論の対象に

▽01　フィリップ・アシュケナージ＋トマ・クトロ＋アンドレ・オルレアン＋アンリ・ステルディニアック『世界をダメにした経済学の10の誤り――金融支配に立ち向かう22の処方箋』西谷修監修、林昌宏訳、明石書店、２０１２年。この宣言は現在8カ国語に翻訳され、10万部以上売れている。以下、原題に倣い『経済学の10の誤り』とする。

なるでしょう。

この『新宣言』の出版によって、日本の読者も、さまざまな領域（しかもそれはエコロジー、平等、雇用、負債、貨幣、国際貿易のようなきわめて重要なものを含んでいるのですが）における私たちの提言に、直《じか》に接するチャンスができました。

この『新宣言』のなかに含まれている提言のいくつかは、たとえヨーロッパと日本のあいだに違いがあったとしても、日本の政策決定者や市民に刺激的なものであることは間違いないでしょう。とりわけ、再分配後も不平等が拡大し、エコロジーが大きなテーマとなりつつある国では、エコロジーや平等の問題を扱う本書の提言は興味深いはずです。

しかし、この『新宣言』の分析や提言は、日本の読者にとってかなり現実離れしているものに見えるかもしれません。そのため、この分析や提言は、ヨーロッパ的なコンテクスト、とりわけユーロ圏のコンテクストにおいてなされていることをご留意していただきたいと思います。2009年以来、ヨーロッパのいくつかの国は、実際、不気味なトロイカ体制（国際通貨基金、ヨーロッパ中央銀行、ヨーロッパ委員会）の指導のもと、失業率への非常に劇的な効果をもつ緊縮策を実行に移しました。私が考えるところでは、そうした緊縮策をとった国は、とりわけギリシャ、アイルランド、イタリア、スペイン、ポルトガル、ある意味ではフランスです。結果としてスペインとギリシャでは、失業率が活動人口の25パーセント、25歳以下の若者の場合50パーセントになったのです。

こうした数字は日本の読者には驚きかもしれません。日本で周知の事実となっている「失われた20年」があったにもかかわらず、日本の失業率は活動人口の5・4パーセント（2002年時点）を超えることは一度もなく、2015年には3・3パーセントの水準にまで低下したのですから。これとは逆に、ヨーロッパの非常に高い失業率と、繁栄を約束したはずの緊縮策から生まれた失敗は、社会的困窮度の上昇、政治的不安定、そして選挙で極右がふたたび台頭したのはなぜかを説明してくれます。注意しなければなりません。極右勢力は、いつも膨大な数に上《のぼ》る緊縮策の犠牲者の怒りを掬《すく》いとっているのです。

だからこそ、こうした屈辱的な流れを変えなければ、ヨーロッパは、世界は、そして日本は、非常に不気味な状態に陥ってしまうでしょう。もちろん、うまくいったとしても、ユーロ圏は「失われた20年」の日本経済と同じ運命を辿るでしょう。つまりデフレに突入します。しかし最悪の場合、失業率が活動人口の10パーセントを超え、社会党出自の政府が今行なっている緊縮策が、ますます増えていく選挙での大量棄権や国民戦線（FN）のめざましい躍進が象徴するようなフランスをはじめとした国では、最終的に大きな政治的困難が起こるのです。

望むべきは、理性の力が最終的にこうした政策を実行している支配的思想である新自由主義《ネオリベラリズム》というドグマに勝利することです。こうした政策は、ケインズの言葉で言い換えれば、文字どおり精神病院送りになるはずです。[▼01] 幸いなことに、ある種の理性の太陽が、水平線の向こう側から輝きはじめています。とりわけポルトガルでの最近の政治的変化[▽02]です。この変化によって、この国は緊縮策と手を切ることを決意しました。
期待すべきは、こうした太陽の輝きのような生命の躍動が勝利を収めることです。みなさんが手にしているこの『新宣言』は、少なくとも、新自由主義《ネオリベラリズム》のイデオローグの口で繰り返されている主張とは逆に、信頼できる、理性的な選択があるのだということを証明しています。

２０１６年1月12日パリにて

パリ13大学准教授ダニー・ラング

〔本書を共同で発表した２０００人以上の経済学者を代表して　〔的場昭弘訳〕

---

▼01　この言葉は、ケインズがハイエクに対して述べた言葉である。優秀な数理経済学者が最終的に精神病院送りになる例として、ケインズはハイエクを挙げた。

▽02　ポルトガルの社会党の新首相アントニオ・コスタは、２０１５年11月の就任演説で緊縮財政の終焉を宣言した。

# 日本語版序文②——日本のみなさん、ともに戦いましょう！

われわれには、新自由主義に立ち向かい、金融バブルの増大に抵抗し、そしてそれがもたらす悲惨な結果と戦い、不安定な生活を断固として拒否し、日々進むわが惑星地球の悪化を嘆く、権利があります。今とは違う別の道は可能であり、それこそ望ましいものです。われわれとともにこうした選択肢を探り、より公平で、より望ましい未来の基礎をつくりだすため、この宣言の道を突き進むことを、われわれは日本の読者にもお願いしたいと思います。

２０１５年12月30日ボルドーにて

ボルドー大学准教授エリック・ベール

［本書を共同で発表した２０００人以上の経済学者を代表して］〔的場昭弘訳〕

目次

## 凡例

一、原文におけるイタリック体は、太字とした。

一、原文におけるギュメ≪ ≫とダブルクォーテーション〝 〟は、一重鍵括弧「 」とした。

一、原文におけるパーレン（ ）は、ママとした。

一、亀甲括弧〔 〕内は、訳者による補足である。

一、原註は▼とアラビア数字、訳註は▽とアラビア数字で示した。

Économistes Atterrés

*NOUVEAU MANIFESTE DES ÉCONOMISTES ATTERRÉS*

# 今とは違う経済をつくるための15の政策提言

# 序文

彼らが偉大なのは、われわれが屈服しているからにすぎない。立ちあがろう！

――エティエンヌ・ド・ラ・ボエシ『自発的隷従論[▽03]』、１５４８年（Étienne de La Boétie, *Discours de la servitude volontaire*, 1548 [Paris, Mill et Une Nuits, 1997]）

投機的金融政策が引き起こした破局に始まり、２００７年に始まった危機は、制御不能に陥った金融の破廉恥さと、新自由主義の行き詰まりを、世界に向けて暴露した。この嵐の真っ只中で、国家は危機に介入した。だが国家は、銀行の救済や再建計画の立案などの最初の救済措置を施したにすぎなかった。しかし、国家は危機の根本的部分に対しては攻撃しなかった。根本的部分とは、金融の自由化や、野放しのグローバリゼーション、生産主義的な前進策、不平等の深刻化などである。新自由主義の唱道者たちは、自分たちの秘密であるイデオロギー的な力を持つ表現のひとつを使って、公共支出の行きすぎ、非常に寛大な社会的国家、いまだ充分自由化されていない市場での競争を阻む障害などを、経済危機の原因として挙げた。一方、税収を損ない、財政赤字を悪化させた富裕層向けの数々の優遇策、課税回避、不正行為、脱税は、黙認された。金融投機に対する銀行の責任は不問に付された。投機に走ったため機能不全に陥った銀行システムの救済に追われた国家による巨額の私的な負債の引き受けも、忘れられた。欧州連合基本条約の悪影響は無視された。賃金が一方で長らく抑えられているのに、失業の上昇を労働費用の上昇で説明するという困難な問題も否定された。このモデルは、さらに進められる必要があったのだ、しかしながら、このモデルは、世界を1930年代以来最悪の資本主義の危機に陥れたのである。

われわれは2010年に最初の宣言〔『経済学の10の誤り』〕を発表し、新自由主義の政策をこのまま推し進めれば、事態は際限なく悪化すると警告した。そして事態はわれわれが警告したとおりになっている。深刻な危機が到来し、その影響が絶えず生み出されている。

最初の宣言から4年経った今、なぜ新たな宣言を発表する必要があるのか？　どのような切迫した事態、どのような必然性に駆られて、われわれは前著を見なおそうというのか？　第1に、危機がきわめて深刻化しているからだ。世界規模で見れば、この危機は、経済、社会、さ

▽03　エティエンヌ・ド・ラ・ボエシ『自発的隷従論』西谷修監修、山上浩嗣訳、ちくま学芸文庫、2013年。

らには環境にも及んでいる。第2に、今こそ、従来とは異なる道を歩むべきだからだ。従来とは異なる政治手法は可能であり、それこそが望ましい。

## 危機の教訓は学ばれていない

2010年にわれわれが告発した『経済学の10の誤り』は、支配的イデオロギーや今日行なわれている政治をかつてなく増長させている。

政策決定者たちは、危機から何も学んでおらず、学ぶ意志もない。売れっ子のエコノミストたちは、自分たちの予測が外れても、ますます尊大になっていく。金融業界のロビイストたちは、自らの判断ミスのツケを払う必要がなくなればなるほど、強欲になっていく。経済評論家たちは、投機の動きのなかに経済の進化が読みとれると言わんばかりに、株式市場の相場と格付け会社の発表を、ひとつひとつ並べている。大企業は依然として、株主が要求する短期的利益の予想にしたがって経営され、合併されたり分社化されたりしている。持続可能な経済成長や雇用、地域の経済活動の組織、生産性のある投資は考慮されていない。もっとも高給が支払われる仕事に就いているのは依然として、金融業の社員、海外移転、金融エンジニアリング会社、金融最適化のコンサルタントである。「少額所得者」やサラリーマン、工場労働者、農業従事者、身体障碍者は恥を知れというわけである……。

ヨーロッパでは、危機を招いた政策はかえって強化された。有権者はこの事態に異を唱えてきただろうか？　政治的選択は、「独立の立場に立つ」専門家――ここで言う「独立」とは一般庶民から独立していることであり、金の力から独立しているという意味ではない――に託されてきた。安定化のプログラムは、ヨーロッパを緊縮政策と景気後退で身動きできなくしてはいないか？　以前よりも厳格な財政プログラムが実現されている。市場の過度の開放が、ヨーロッパの多くの国の産業の存立を危うくしてはいないだろうか？　アメリカ合衆国とのあいだでは、自由貿易協定〔環大西洋貿易投資パートナーシップ（仏：TAFTA／英：TTIP）〕の締結が協議されている。ユーロの欠陥は、南欧諸国を犠牲にした経済格差助長の要因になってはいないだろうか？　ユーロの欠陥は、こうした南欧諸国にきわめて過酷な緊縮政策の実行を強いる、「ショック・ドクトリン」[▽04]口実と化しているではないか。かくしてヨーロッパ各国は、激しい世界競争というコンテクストのなか、熾烈な経済戦争に巻き込まれ、他の国から市場と雇用を奪うことに奔走し、やがてはすべての国がデフレに陥るという最悪のシナリオに突き進んでいる。ドイツにおける最低賃金の制定〔2013年の総選挙後に決定、2015年から実施〕、タックス・ヘイブン〔課税を優遇されている国や地域〕に対する申し訳程度の禁止策、すぐに有形無実になる金融取引税（2012年8月の制定された法律）など、多少の進展は獲得できたが、

▽04　ナオミ・クライン『ショック・ドクトリン――惨事便乗型資本主義の正体を暴く』（上下巻、幾島幸子・村上由見子訳、岩波書店、2011年）の言葉。

これだけではとてもヨーロッパ各国の苦境からの脱出には充分ではない。

環境の危機からも、やはり教訓は学ばれていない。気候変動と自然資源の枯渇がもたらす危機は、今のところ最低の水準に抑えられているが、この問題はわれわれの経済と社会の将来を考えるうえでの最重要課題となるべきであり、すべての政治の中心課題でなければならない。

前回、われわれが告発した『経済学の10の誤り』は、政治経済が抱える、重大な袋小路へはまってしまっている。

## オルタナティヴを切りひらく

金融危機から6年経った今も、政財界の指導者たちは、破綻した新自由主義的な予測に固執している。彼らは代替策を求めずに、緊縮策と生産性向上とを混同し、不平等を拡大している。フランスでは社会主義政党の大統領が選出され、金融の動きを抑制しようと、次々と要求を突きつけた。政府は社会保障負担免除を意図する、内容空疎なサプライサイド重視の政策をがむしゃらに推し進めたが、一方で企業はまず受注残高の落ち込みと、資本利益性の要求に直面した。これは、国家の上部機関と金融ブルジョワジーとの衝突、さらには混乱の産物である。だがもちろん、政財界双方の利害が一致することは重要であるとすれば、一貫したイデロギーと個人の責任というその倫理に結びついた、新自由主義的神話の力に頼る必要がある。この考え方によれば、市場は中立的で、好意に満ちたシステムであり、努力する人間には報い、全体の利益に適うよう各人を仕事に専念させることになっている。失業者や、社会への不適合者、さらには財政危機に陥った国家ですら、そうなった原因は不運ではなく、身から出た錆《さび》だということになる。したがって、こうした人々や国家を助ける必要はなく、むしろそのような事態に陥った責任を取らせ、さらにいつまでも競争と市場からの制裁にさらすのが適切だということになる。新自由主義は、紛れもなく失敗し、社会に絶望をもたらしているにもかかわらず、今ものうのうとはびこっている。この新自由主義の神秘を暴くには、単なる批判以上のものが必要だ。なぜなら新自由主義の強さは、この考え方に対抗しうる、整合性のあるオルタナティヴがない、という世間を覆う諦めの感情に一因があるからである。

今回の新しい宣言によって、われわれは、新自由主義的な政策が私たちを追いこんだ閉塞状況からの脱出に向けた提言を論じあうことを要求する。われわれの提言は15のテーマとして現われ、それらはオルタナティヴ模索のための議論の場になっている。われわれはすべての問題を論じることを目指さなかったし、すべてを論じたつもりは毛頭ない。われわれの意図は、議論の端緒を開くことにある。そうすることで、他のエコノミストだけでなく、他の市民(主義主張の異なる知識人や組合員、ボランティア活動家や政治活動家、さまざまな専門分野の従事者)が、それぞれの知識と能力を持ち寄り、この機会を利用して、新自由主義とは異なるオルタナティヴの建設に貢献できることを期待している。

## われわれの信条

われわれの提言は、この宣言の整合性を支える5つの信条がその活力の源になっている。

第1の信条は民主主義に関わるものだ。民主主義は市場よりも上のものでなければならない。経済は社会のなかに組み込まれ、政治的決定から生まれる制度に基づく。自然の流れのままに成員全員の暮らしを安定させ、すべての人間に崇拝の念を求める自然な経済法則などというものは存在しない。経済を規制する規則は社会の構成要素であり、民主主義的選択に依存する。われわれの望みは、経済や社会、ひいては政治の進化が、いつまでも金融や銀行、大企業の利益のゲームに支配され、導かれることだろうか？　それとも市民自身が決定を下せることだろうか？　批判的エコノミストとしてのわれわれの役割は、いわゆる市場法則なるものの押しつけを社会が拒否でき、社会自らが、財の条件を決定することを選びえるのだということを示すことにある。エコロジー的な脅威によって、われわれは生活水準の格差を拡大するのではなく、慎ましく平等な社会を目指すことができるのだ。年金は、年金基金に任せるのではなく、社会的合意に基づいて営むことができる。税制は収入や財産の格差を助長したり拡大するのではなく、縮小することができる。経済や政治の仕組みは、男女を伝統的な社会上の役割に固定するのではなく、平等に扱うことができる。企業は経営者や株主の所有物に還元するのではなく、集団的機関としてとらえることができる。社会には、民主主義的な手続きによって決定し、選択する能力があると、われわれは考える。

われわれの第2の信条は、民主主義と平等は不可分であるということだ。市場とは、不平等が跋扈《ばっこ》する王国である。株式会社は「1株はしょせん1票」の原則（le principe « une action, une voix »）を優先する。だが民主主義はこれとは逆に、成員1人が1票であるという、平等の原則のうえに成り立っている。だが、この形式上の平等は、実際には真の平等を確証するには充分ではない。真の平等は、公共政策の中心を占めるものでなければならない。新自由主義的な言説の主張とは異なり、真の平等は経済効率を損なうものではない。不公平、不平等、貧困は人間の能力を大量に無駄にする。公平の源泉である平等は、経済的厚生や効率のよさの源泉でもある。だからこそわれわれは平等について章を横断するかたちで論じている。

われわれの第3の信条もやはり民主主義を拠りどころとし、市場とプライベート・イニシアチブ（PFI〔公共施設などの社会資本の運営、維持管理に民間資金を活用すること〕）、公的介入との連結を目指す。市場の機能を廃止したり、プライベート・イニシアチブを排除しようということが問題なわけではない。しかしながら、すべてを市場機能に委ね、すべてをプライベート・イニシアチブに任せてよいものだろうか？　自由主義者はそう考えているが、規制を受けない市場は企業間協定《カルテル》や独占を生み出し、プライベート・イニシアチブを台無しにしてしまう。市場は個別の利益を追求する私的な活動者に自由競争を与えているため、その本質上、ある種の分野の運営を任せることができない。金融の安定、完全雇用、年金、健康、文化、教育、住宅、さらにはエコロジー的脅威への対応といった、こうした一般的利益を問題にする分野には、どうしても公的介入が必要になる。公的介入は公平と社会秩序だけでなく、経済効率からも出てくるのである。

われわれの第4の信条は、われわれが、経済運営も含めたさまざまな活動において、市民の主導権と将来市民の主導権が導き得るだろう役割に同意している重要性にある。現在、「共同」の名のもとで、事業の育成と共同管理を可能にする一連のさまざまな活動に市民が従事することを可能にする、広範な運動が展開されている。公共財や公共サービスを補完するかたちで、運動は新しい共同や所有の形態を発展させている。共同経済〔1978年に創設された新しいタイプの共同組織形態。監訳者あとがき参照〕は、同じ事業に対して、パートナー同士へ分割、配分される所有を可能にする独特の法形態に基づいている。この考え方に基づいて、利潤の追求ではなく、社会と環境にとっての有用性の追求を目的とした、新しいタイプの企業が次々と生まれている。共同経済のアソシアシオン、相互組合、生産共同組合（SCOP）とともに、その社会・連帯経済に、交換ネットワーク〔多くの場合、インターネット上に築かれたプラットフォームに基づいて〕が付加され、金銭のやりとりの有無を問わず、財やサービスの共同消費、共同育成のための「ショート・サプライルート」の発展を可能にする、資源の節約が生まれる（AMAP〔小規模農家を維持するためのアソシエーション〕、カー・シェアリング、**リペア・カフェ**〔道具を共同で使い、修理を行なう場所〕）。

われわれの第5の信条はエコロジーに関わる。エコロジーは、心を癒すために服用するサプリメントなどではなく、私たちの社会の、ひいては私たちの経済の「新たな未開の沃野(フロンティア)」を形成している。資源の枯渇と気候温暖化に直面している今、行動を起こさないことはもはや許されない。長期的に見た環境の脅威によって、社会の変化を加速することができる、私たちの生産や消費のあり方の真の転換点が生まれている。新しい生産過程が導入されることで、新しい運営基準、新しい雇用、労働者の新しい参加権が生まれ、それはまた労働の再組織化、共有化を可能にする。われわれは、こうした事業モデルは、いずれも将来性があると考えている。リサイクルによって廃棄物を最小限に抑えることを狙いとする循環型経済モデル（ある生産活動の「排出物」が、別の生産活動の「投入物」になる）もあれば、複数の利用者が同じ資源を利用するために集中管理する機能別経済モデルもある。導きの糸となるこの生産手法の変革の重要性を強調するため、われわれは第1章でエコロジーを論じることに決めた。

この新たな宣言の各章は、議論の場を構成し、新自由主義の誤謬に陥らないための解決策を提案している。この宣言は、かつてケインズが語ったように、「古い考えを忘れる」ための知的ツールとなることを目指している。またこの宣言は、メディアのなかで非常にしばしば流布する（残念ながら大学のなかでもそうなのだが）、経済をめぐる妄説に反論するための教育的ツールとなることも目指している。さらにこの宣言は、知性の再覚醒の手がかりとなる、政治的ツールとなることも目指している。知性の再覚醒なくしては、どんな社会の変革も成し遂げることはできないからだ。

われわれは断じて、新自由主義の猛威に屈し、金融や不動産のバブルが膨らみ、はじけるのを座視することを余儀なくされているわけではない。若者たちは失業や賃金の安いつまらぬ仕事というガレー船に乗せられることを余儀なくされているのではない。われわれは日々、この地球が少しずつ汚されていくのを黙って見ているほかないというわけではない。

そのとおり、別の生き方は可能なのだ。

# 第1章
# エコロジー、われらの新たなるフロンティア

この21世紀初頭の世界的危機は、金融資本の蓄積体制と生産主義の体制という、二重の「行き詰まり」がもたらしたものだ。このうち生産主義は自然資源の枯渇や生物多様性に対する深刻なダメージ、環境汚染、気候温暖化を招いた。今回の危機が社会とエコロジーに及ぼす2つの側面は、強化されている。富める国におけるもっとも貧しい人々と低開発国におけるさらなる貧しい人々は、エコロジーの悪化で最大の被害を被っている。

われわれの社会は、社会とエコロジーの悪化に同時に対処しなければならない。エコロジーの要求をこれ以上先延ばしにするのは不可能だし、経済成長が自然に格差を解消するという考えに与《くみ》することも不可能である。必要なのは、われわれの消費様式や生産様式を根本から見なおすことだ。そのためには、生態系の保存に欠かせないエコロジーの均衡も保つことを目指しながら、人々の欲求を充足する、壮大な方向転換に取り組まなければならない。つまり、新しい環境対象から離れたやみくもの経済活動の振興を推し進めることはできないのである。逆に、新しい環境対象を優先課題として組み込まねばならない。

**エネルギーの移行**

産業革命は、もっぱら化石燃料から得られるエネルギーを拠りどころにしてきた。だが化石燃料は枯渇しかけており、環境を汚染することから、今やわれわれは、生産様式と消費様式を見なおさざるをえない。気候変動に関する政府間パネル（IPCC）が掲げる最優先目標を早急に実行すべきだ。具体的には、21世紀末までに温室効果ガスの濃縮化を安定させ、地球の気温が2度以上上昇しないようにすることだ。気温が2度以上上昇すると、地球上の多くの地域に壊滅的影響が及ぶ。この目標達成のためには、2050年までに世界中の温暖化ガスの排出量を2分の1に下げることが前提されている。先進国では、国民1人当たりのエネルギー排出量が膨大であることを考慮し、4分の1から5分の1に削減する必要がある（北米大陸の住民は、1人当たり、サハラ砂漠の住民の35倍のエネルギーを排出している）。このエネルギー移行はできるだけ早く実行する必要がある。

この転換のカギを握るのが、再生エネルギーの開発だ。太陽光発電、バイオマス発電、地熱発電、風力発電、水力発電などの新しい発電方式を組み合わせていけば、原子力発電から徐々に脱却できる。このプロジェクトは現実的である。すでにヨーロッパ大陸では、「グリーン」エネルギーが、28パーセントを占める第1のエネルギー資源になった。

またわれわれのエネルギー消費も、優先順位を定めて削減していくのが望ましい。エネルギー最終消費の半分近く（45パーセント）を吸収する建物については、低エネルギー消費の建物（もしくはプラスエナジーハウス〔省エネ住宅〕）を建設し、築年数の古い建物のリノベーションに、地熱利用設備を広範に取り入れることで対処できる。交通機関（エネルギー最終消費の32パーセントを占める）にも同じ手法で下げる必要がある。生産物の移送は、特定の生産物を地産地消することで下げることができるし、道路以外の輸送方法で行なうこともできる。人の交通は、同様に職住接近を努めることで下げることができる。この職住接近の実現には、（高速の交通網を広げるのではなく）各地の交通手段の利用頻度に応じた、交通機関の開発プログラムをともなわねばならない。その利用は、地方交通機関の無料化によって促進されるだろう。

**より持続可能な生産様式、より控えめな消費様式**

生産様式をより持続可能な方向に移行させるには、ディーゼルエンジンに対する補助金の支給など「20世紀型」の産業支援策を廃止し、老朽化を前提とした生産物ではなく、環境を汚染せず、耐久性の長い、優れた生産物の生産を支援する必要がある。

農業モデルと農産物加工業のモデルを改革するには、集約農業やエネルギー大量消費産業への支援、化学肥料を段階的に廃止し、農産物の地産地消、有機農法、アグロエコロジー農法〔工業化された農業に対して、生態系を守る農法〕を推進するべきだ。欧州連合の予算の3分の1を占める共通農業政策は、見なおして、こうした新たに必要となった施策を取り入れるために、つくりなおさねばならない。

また、このような生産様式の変化は、われわれの消費様式の見なおしを必要とする。生産様式と消費様式は密接不可分の関係にある。生産様式を再調整するには、われわれの消費様式の再調整を行なう必要があり、しかも、最大限の利潤でわれわれの生活必需品を生産する資本主義的企業の野放し状態の想像力に任せることがあってはならない。未来の社会は、表面的ではなく根本的な需要の充足を維持することを考える、慎ましく、平等な社会となるだろう。一部の恵まれた人間だけが、これみよがしにエネルギーを浪費し、環境を汚染するような消費は避けなければならない。こうした社会は、単に物価を上げただけでは達成できない。市場中心のこうした考え方は、もっとも貧しい人々を苦しめるだけだ。

**エコロジー的移行のツール**

自由主義者たちは、新たに登場した「地球環境に配慮した（グリーンな）」金融商品によって、資本主義企業と金融市場はエコロジーの脅威にも対処できると主張する。だが、排出権取引市場の過去の例を見れば明らかなように、そんなことはありえない。2005年に欧州連合が導入した二酸化炭素の排出権取引市場は、世界でも最大規模のものだが、うまく機能していない。欧州連合は排出権を乱発したために、二酸化炭素の排出量1トン当たりの価格は予測不能になり、信じがたいレベルにまで下落した。エコロジーはきわめて長期的な視野に立脚するもので、中短期的な収益性を指針とする私的資本の地平では不可能な地平である。大きな計画をもった政策によって救わねばならない領域があるとすれば、それこそエコロジーの領域にほかならない。エコロジーの保護には、公的介入が貢献することができなければならず、その具体的な優先順位は民主主義的な決議によって決めるべきだ。さらにエコロジー的移行が成功するには、地元住民や一般市民が推進役となることが欠かせない。すでに、経験は豊富であり、経済的にも、エコロジー的にもその有効性が証明されている。たとえば地元自治体が運営する風力発電パーク、エネルギーの共同利用組合、農産物の物流のショートサーキット〔産地から消費地までの流通の効率化〕の形成、地方自治体による土地利用管理、地方自治体による電力利用管理などである。

この観点からみて根本的なものは、3つの基本的提言である。

第1に、規定にかなう法的体系を整備し、実行すべきである。エコロジーがわれわれの新しいフロンティアである以上、環境を汚染し、エネルギーを浪費するある種の物質の消費や生産方法を禁止するか、逆に新しい生産方法を導入するといった輪郭をそこから描くことが重要である。法は、エコロジー的に再生可能な実践を組み込み、自由＝交換主義者の攻撃から守る基礎である。環大西洋貿易投資パートナーシップ

〔仏：TAFTA／英：TTIP〕などの貿易協定の成立を食い止めるには、一般市民の抵抗が欠かせない。この貿易協定が成立すれば、各国や各自治体は大企業の要請の言いなりになり、住民が有する社会や環境保護の権利は認められなくなるだろう。

第2に、税制を今以上に「奮起を促す」ものにし、エコロジー活動を奨励すべきだ。企業が、市場価格に含めることのできないコストを社会に押しつける傾向があるがゆえに、エコロジー活動を目指す税制は正当化できる。この税によって、自治体のコストと企業のコストとの隔たりを埋めることができる。この税の狙いは、集団の利益を優先して、生物多様性と自然資源を保護し、気候温暖化や環境汚染と戦うことにある。一度民主主義的手続きによって、望ましい法体系が決められれば、環境保護策を具体化する問題が残る。この目的達成のためには、エコロジー税は3つの条件を満たす必要がある。

・環境税は、最終的にはかならず消費者が支払うものである以上、この税制は富の再配分の原則に則り、公的サービスの提供、貧困層に配慮した土地および住宅政策に基づいて制定されなければならない。

・税率は、エネルギー転換を促すに充分なものでなければならない。たとえば、炭素税はただちに二酸化炭素1トンにつき、50ユーロ以上に引き上げるべきである（フランスの炭素税は2014年の時点で、1トン当たり6ユーロにすぎない）。

・環境保護策は、エコロジー的移行にもっとも積極的な企業や国が競争という制裁を受けないために、実施されなければならない。この保護策は未開発地の環境保護を目的とした環境税とみなし、税収の大半は発展途上国に戻され、それらの国のエコロジー的移行が支持されねばならない。

第3に、エコロジー的移行は多額の投資を必要とする。地熱を利用した建物のリノベーションには公的支持を必要とする民間部門からの投資が不可欠になる。また、研究開発やインフラ整備（たとえば交通機関）にも公共部門からの投資が同様に欠かせない。

エコロジー的移行を軌道に乗せるためのコストは一見、高額に見えるかもしれない。

その金額は、欧州連合加盟国の国内総生産の3パーセント、すなわち10年間で3500億ユーロと推計されている。だが何も行動を起こさない場合のコストはもっと高額になるだろう。各国と各地方自治体には、こうした施策に率先して着手できる手立てがあるだろうか? 答えはイエスだ。なぜなら未来に対する投資は、未来に社会が引き出せる恩恵とみなすことができるからだ。こうした投資は、中央銀行の保証のもと、公営の投資銀行からの借り入れによってファイナンスされるべきだ。

環境の持続可能性を目指す戦略の一貫性は、エコロジーの対象と社会的対象を一致させるものだけに、より大きなものとなるだろう。社会が公共の役に立つと判断した財産を保護すること(たとえば気候の安定や生物多様性の維持)をこの戦略の確信に置くことは、社会的厚生の構築のための方法になる。つまり、社会的厚生とは、私的財の生産と、公的=共通の財の生産との区別を可能にすることで、民主的かつ集団的に採用された規則のうえで全体として生きる能力のことである。

**われわれの提言**

エコロジー的移行、とりわけ温室効果ガス削減に関して、一連の民主的に決定された対象を、法、規則、税制のなかに盛り込むこと。

建物に対する投資計画（とりわけ、築年数の古い建物のリノベーションに地熱利用設備を取り入れる）を立案し、再生エネルギーや集団的交通機関を開発して、エネルギー消費を抑制すること。

エコロジーと社会の移行を目指すプロジェクト向けの、財政優遇的な融資チャネルを開設すること。

第2章

# 平等を経済の原則と定める

フランスでは、役所や学校の建物の正面に「平等《エガリテ》」の文字が銘記されているにもかかわらず、平等は一向に浸透していない。一方、長期間、縮小傾向にあった所得の不平等は、1990年代の初めからふたたび拡大している。2008年から始まった危機は、この現象をさらに深刻化した。他の多くの先進国同様、2008年以降、最貧困層、貧困層、中間層の所得は減少し、伸び悩んでいるが、一方、富裕層の所得は増加している。

この30年間に推し進められてきた政策は、不平等の再拡大を大きく後押しした。こうした近年の政策は、不平等の縮小に大きく貢献する公共支出や規制を、削減し撤廃することを重視している。だが、不平等は社会や経済を損なうものだ。われわれは、社会の成員全員の平等と地位向上を、社会の最大目標として(新たに)位置づけなければならない。

## 不平等は経済の効率を損なう

新自由主義のモデルは、不平等を前提としており、それを正当化しつづけている。このモデルによれば、不平等は経済効率の原動力であり、個人や人民が競争するうえで必要な針であり、誰もがこの針の痛みに促されて、自分で最高の結果を出すはずだと考えられている。

競争は不平等を原動力として活発に営まれ、世界中で繰り広げられる競争は不平等を求めている。社会階層の上層を占める企業経営者たちは、つねに報酬を引き上げられ、これを励みに株主の利益のために企業経営に努める。またトレーダーたちは市場で達成した儲けに見合う報酬を受け取るべきであるという。ひと握りの企業経営者やスポーツ選手、芸術家が獲得する法外な報酬は、秀でていることの証《あかし》となるのだ。こうした優れた人材の国外流出を防ぐため、彼らに対する課税には手心が加えられる。一方、社会階層の底辺を占める人々は、けっして報酬や再分配において充分しみったれているというわけではないという。競争の名のもと、めぼしい能力や資格のない勤め人は「わずかな賃金」（上限給や最低賃金の別称）で我慢することを強いられる。また、失業手当や最低賃金はできるだけ低く抑え、活発な求職活動を促すのが望ましいとされる。そうすれば失業者や受給者は、不安定な仕事であっても、すぐに就労を再開するようになる、というわけだ。

だが、こうした議論を受け入れるわけにはいかない。所得の不平等は経済の見地からしても正当化できるものではないのだ。所得の不平等は、企業経営者に社会全体の効用より株主の利益を優先させる刺激になるとすれば、社会を傷つける針になる。特定の職業に就く人々（大企業や金融機関の経営者、スポーツ選手、芸術家）が受け取る法外な報酬は、若者の罠となる。不平等は社会を毒するものだ。今、子供の5人に1人は貧困すれすれで生きている。これでは子供の将来性を潰しているようなものだ！　質の悪い、低賃金の雇用を創出して、貧困から脱却できない失業者を無理やり就労させたほうがましだというのだろうか？

これとは逆に、平等は人々のやる気を引き出し、能力開発を促す強力な切り札になりうる。社会は、不平等是正を活動指針とすることで、まとまって動くだけでなく、資源と能力をより有効に活用する手段を与える。それは間違いなく緊急の社会的課題である。そしてまた経済的必然でもあるのだ。
フランスは北欧諸国同様、高い水準の公共支出と社会移転のおかげで、もっとも不平等の少ない国であり、他のより「リベラルな」国よりも貧困層の割合が低い。それでも自由主義はこのモデルを苛《さいな》みつづけている。自由主義は失業者と就業者、若者と高齢者、不安的な職に就く人間と安定した職に就く人間、民間の人間と公務員とを敵対させている。それはまるで、それぞれが他人の不幸に責任があるかのようであり、まるですべてがとりわけ新自由主義的資本主義、人口のごく一部（1パーセントもしくは0・01パーセント程度にすぎない）を占める富裕層の犠牲となっていないかのようである。われわれの社会、とりわけフランスの社会の悩みは、国民が共有できる解放的、動態的計画がないことにある。この社会を覆う閉塞感から脱却するには、こうした計画を新たに創造し、その中心に平等を据えなければならない。

**平等――まず子供たち、若者、女性に平等を**

まず目指すべきは、子供たちのあいだの平等だ。子供のことは、家族だけでなく、すべてのものの問題だ。民主主義的な社会では、社会を構成するそれぞれが、生活に必要な条件を与えられ、21世紀の社会で積極的に役割を担う市民になれるようになるべきだ。両親は、どんな職に就いていても、子供の教育させる費用をもつことが必要だ。それは、社会保障給付や家族手当、とりわけ、最貧困層の家族に有利になるしっかりとした見なおしを意味する。公共サービスが重要である。すべての児童を対象にした、無料で普遍的な公共サービス、若年齢の子供たちへの対応策をつくりあげることが望ましい。子育てや就学前の子供の教育活動も無料化すべきだ。そのためには各自治体が交通や文化活動や余暇活動、進級の調整に融資するに充分な資金を確保することが欠かせない。教育の平等の推進には、とりわけ庶民階層の家庭の子供が通う教育機関で、さまざまな手段が必要になる。子供たちを成績順に階層化し、エリートを養成するという業績主義的配慮が、教育の平等という概念がこうしたことをあまりにしばしば押し流してしまう。庶民階級のごくわずかの生徒だけが名門校に入れるようにしても、教育制度を蝕《むしば》む不平等を解消することはできない。困難な生徒にとっては、落第や赤点指導よりも、個別指導がはるかに望ましい。もっとも多くの資金を投入する必要があるのは、生徒がもっとも困難に陥っている学校である。

また社会には、職業訓練を受けていたり、社会に参入しようとしている若者たちを支援する義務もある。この義務の遂行には、求職中だが失業手当を受け取れるだけの失業保険を支払っていない人々向けの、社会参入手当制度（年金の受給資格につながる手当）が必要になる。さらに学生が落ちついて学業に励めるように財政的困難を軽減する（奨学金の再評価や拡大、就学補助金の創設、住宅の建設）必要もある。こうした施策は、相続税や贈与税の増額でファイナンスできるはずだ。

新しい知識や能力を身につけ、誰もが（新しい）キャリアを築けるようにするには、生涯教育制度を改善することが重要だ。

フランスは歴史的に移民を受け入れる国であり、このことがフランスの強みになっている。それゆえ、フランスは移民出身の若者の社会参入と教育の難しさに取り組むほかない。社会のネットワークの不足を補い、それゆえの差別に対して戦うためには、彼らの実習と最初の就職を優先課題として考えなければならない。それは、それに関連する社会参入の公的態勢の改善が前提である。

男女間の平等に向けた戦いは、まだまだ道半ばの状態だ。根本的不平等が根深く残っている。雇用上の性差別は永続している。差別は水平的で、女性と男性は必ずしも同じ職業に就いているわけではない（機械工やエンジニアは男性が多く、保育士や教師は女性が多い)。性差別は垂直的で、女性の多くは資格を必要としない職業を続けるほかなく(「地べたに張りつく」効果)、一方、能力や資格を持つ女性がキャリアの頂点を極めることはごく稀《まれ》だ(「ガラスの天井」効果)。この現状を変革するには、子供たちの教育をごく幼い段階から平等化するほかない。この平等化により、女子は配管工や旅客機の操縦士に、男子は幼い子供たちの教師になれる道が開ける。企業や役所は、昇進のルールを見なおし、女性職員が男性職員と同じキャリアを築けるチャンスを獲得し、同じ給料を受け取れるようにすべきだ。また、家庭内では、子育てや子供の教育を男女が平等に行なうようにするのが望ましい。子育てのため、母親に3年間も休職させないようにするには、育児休暇を短縮し、両親が分かち合うことが望ましいのはもちろんだが、そのためにはあらかじめ託児施設を多数開設する必要がある。また幼い子供のいる父親と母親が、給与を削減されることなく労働時間を短縮できるようにする必要もある。

**平等を公共政策全体の目標に掲げる**

平等はあらゆる人間の問題である。それは公共政策全体の最優先課題でなければならない。社会政策も、家族政策も、雇用や賃金政策も、すべてこの平等達成を目標にしなければならない。

現在、地域や住宅の不平等は極端なところまでいっている。現実の住宅不足を解消するためにも、住居費を引き下げるためにも、社会的住宅の建設計画が必要だ。不便な地域の利便性を高め活性化することを目指した、都市再生計画や公共サービスの開発計画が不可欠だ。こうした計画は、不動産収入（不動産剰余、空き家、都市部のセカンドハウス、自宅所有者が自宅の一部の賃貸で得ている家賃収入）に対する課税を強化することで融資可能なはずだ。

社会には、人々の境遇の差が恒久化して不平等にならないよう、ある特定の分野で際立った才能を発揮する人々は、相続的特権を享受することなく、その才能を讃えられ、それなりの報酬受けるよう、監視する義務がある。共和国と和解した共和国の公民は、それぞれ慎ましく、効率的で、平等のゆきわたった社会のなかに自分の地位を見出すべきだ。

**われわれの提言**

社会保障や家族手当を再評価し、子供の教育条件を改善し、若者の教育と社会参加を支援する。

紋切り型の学校を解体し、雇用や家庭における平等を推し進めて、男女間の不平等の是正に努める。

公共サービスを充実させ、建設政策や住宅改善政策を推進して、地域の不平等を是正する。

第3章

# 産業政策を再構築する

過去30年間、フランスでは、大規模な産業の空洞化が進行した。長らくフランスの強みだった産業政策は、ほぼ完全に解体した。「大規模プロジェクト」を目指す政策は放棄された。こうして「国家が経済成長と産業発展の最大の推進役である」というロジックは、「各国の成長力は、もっぱら市場との連動性によって決定される」というロジックにとって替わられた。

自由主義者にとって、公的な経済への介入は、競争を歪《ゆが》め、消費者に高いつけをまわさざるをえない。フランスはこの学説の影響のもと、いわゆる「栄光の30年（１９４５年から１９７３年まで続いた高度成長期）」の遺産である産業政策のさまざまな施策を徐々に放棄してきた。野心的な産業近代化のプロジェクトの推進役だった大企業は、１９８０年代半ば以降、次々に民営化された。[▽05] 多くの場合、こうした民営化によって大企業は解体され、狭い領域に機能を特化した、資本の小さい企業が創設された。こうしてフランスの主要製造業企業は、外国の投資家たちの格好の餌食となった。ここで問題になっているのは、投資ファンド、強力なコングロマリットのことである。過去には、アルカテル〔通信大手〕やアルセロール〔鉄鋼大手〕、最近ではプジョー〔自動車大手〕やアルストム〔TGVを生産する電気大手〕のような強力なコングロマリットである。フランスの大手製造業の多くは、生き残りをかけて、外国の企業グループと提携せざるを得なくなった。しかもこうした外国企業は、フランス国内で育ってきた製造業に対する投資や育成にはほとんど関心を示さない。いくつかの製造業グループは、CAC40[06]企業の仲間入りを果たしている。自らが主たる対象でもある国際金融資本に組み込まれた企業は、特定の地域を基盤としない「グローバルな」企業として考え、行動している。

どうすればこうした傾向を反転できるだろうか？　そのためには、イノベーション

▽05　フランスは、戦後からの東西冷戦期のあいだ、国家が企業に強く関与する混合体制をとっていた。
▽06　ユーロネクスト・パリ（旧パリ証券取引所）の時価総額上位40銘柄。その平均株価は日経平均に相当する。

と産業育成の関係を再考し、公的な経済介入の役割をあらためて強化するしかない。

### 劇的な産業の空洞化

フランスで生じた産業の空洞化は、全体の付加価値に占める産業部門の割合の著しい低下によく表われている。1980年には23パーセントだったその値は、2013年には14パーセントにまで落ち込んでいるのだ。同じ時期の産業部門の賃労働者の数は、1980年には500万人を超えていたが、2013年には300万人と、40パーセントも減少している。だが、生産活動は衰退したとはいえ、工業は依然として重要な役割を担っている。なぜなら、他の産業部門の成長を条件づけている生産性の向上の重要な部分は、まさに産業で生じているからである。また、輸出の大半を占め、輸入に必要な外貨を稼いでいるのも産業である。

産業の空洞化の進行とともに、フランスの生産のネットワークも破壊された。1980〜1990年に民営化された大企業グループが世界的規模の戦略を取り入れたのに対し、フランスの中小企業は依然として下請け法〔1975年施行〕の規制のもとに置かれた。金融機関の支援をほとんど受けられず、景気変動の影響を被りやすいフランスの中小企業は、大企業のような系列をもっていない。国家が介入しなくなったことで、制度的に強い力をもつ民間大企業グループと数多くの中小企業が対抗することになった。こうした国家の政策転換は、CACの時価総額上位40の企業が支配する資本主義誕生の一因にもなった。国際競争と金融機関からの2つの圧力にさらされた大企業グループは、イノベーションではなく、下請け企業の締め付け強化によって利潤を確保しようとしてフランスの産業のネットワークの弱体化と不安定化を招いた。

### 産業育成には公的介入が必要

他の多くの分野同様、産業分野でも、公的介入が重要な役割を果たすことを求められている。教育や医療制度、インフラの充実には、地域における企業の育成が必要だ。同様に、画期的な発明につながる基礎研究には、公的支援が欠かせない。民間企業はえてして、基礎研究に投資する余裕がないからだ。したがって、イノベーション達成や新興企業や新興市場の育成、とりわけ研究開発がカギを握る製品を扱う企業や市場の育成には、公的支援が重要な役割を果たす。

特定の分野では、インフラの整備に莫大な費用がかかる（そうしたインフラの典型例が、鉄道網や道路網、電気やガス、水道の供給網だ）ため、民間企業に任せても充分な整備ができない。それでも自由主義者たちは、インフラ整備事業を前もって民営化して――欧州委員会は終始一貫して民営化を唱えている――競争原理を導入せよと訴える。だが、多くの場合、こうした民営化路線は経済の非効率化を招く。具体的には、公共サービスの民営化による利用者負担の高額化（高速道路料金や水道料金の高騰）、インフラの無駄な増大（電話網や光ケーブルの敷設）、地域全体を網羅できないインフラ（ホワイトエリア）の存在などが挙げられる。またこうした民営化路線は特定の部門の弱体化を招く。フランス国有鉄道（SNCF）はその典型例で、国土整備の任務を解放される一方で、鉄道網の敷設費用と管理費用を引き受けざるをえなくなっている。

欧州委員会は、国家からその介入手段を奪いとる競争原理に置き換えることで、いっさいの産業政策を実行不可能にしてしまった。一方、新自由主義の主張とは逆に、市場は「すべてをうまくまとめてくれる」わけではない。こうして、フランス国家の自由放任政策が壊滅的事態を招いたことが明らかになって、国家は企業の経営方針決定に口を挟む手立てを失い、これ以降、各企業は、株主の意向を汲む取締役会の言いなりになった。こうした経営方針は「巨大金融機関」に牛耳られ、最低でも年率15パーセントに固定された資本収益率確保という過酷なロジックに縛られるようになった。

２０１４年５月に発令されたモントブール法[07]は、フランスに拠点を置く企業の買収の事前認可の範囲を、新しい産業分野（水道、医療、エネルギー）にまで広げることを狙いにしたものだった。この法は、国家の無力さに対する不安の表れとして読みとるべきだ。法そのものは優れた内容だが、結局は「守り」を強化したにすぎず、自らのイニシアチブの外で、国家抜きで下された買収決定について国家が責任を負うことになった。したがって、もっと踏み込んで、産業政策の真の立てなおしに向けた条件を整えるべきである。将来の雇用、将来、高い付加価値を生む産業分野で質の高い雇用を確保できるかどうかは、そこにかかっている。

**どのような産業政策を、どのような指針で進めるべきか**

大至急、国民の枠内で、また欧州人の枠内で、産業政策の指針をあらためて定める必要がある。

▽07　当時のフランス経済相であったアルノー・モントブールが提案した法で、諸外国の批判をもたらした。

進むべき道は3つある。

まず、ノルウェーからブラジル、中国にいたる多くの国々が実行しているように、ソブリン・ファンド〔国家が出資する、いわゆる政府系ファンド（SWF）〕を設ける必要がある。産業再生を目的とするこのファンドを設けることにより、生産性を支えるわが国の資本が損失を被った場合、すばやく防衛措置を取ることができる。またこのファンドの創設により、将来の有望企業や有望産業部門に対して「攻め」のポジションを確保できる。このファンドは、フランス国家保有株式監督庁（APE）の資産と預金供託金庫の資金をもとに開設できるはずである。

第2の施策は、公的投資銀行（BPI）の権限と資金調達手法を拡大すること、とりわけ国民の貯蓄を集められるようにすることだ。ソブリン・ファンドと公的投資銀行とが公的融資の中核的存在となることで、中小企業や中堅企業（ETI）に対する与信手続きが容易になり、さらにエコロジー的移行に参入する画期的プロジェクトの創業資本の提供やベンチャーキャピタルへの融資が可能になる。欧州連合がいずれ連合の再構築に取り組むのであれば、欧州連合の施策もそれに加えるべきだろう。潤沢に資金を蓄えているはずの欧州投資銀行（BEI）は、将来の活動に資金を提供する、力強い切り札になるはずだ。

こうした強力な手段を駆使して産業政策を推し進め、将来性のある産業分野を優先的に育成すべきだ。そうした分野のひとつは簡単に特定できる。フランスと欧州連合はエコロジー的移行とエネルギー転換の推進に向けた、新しい「壮大なプログラム」を打ち出すべきだ（第1章を参照）。この目的達成のためには、企業や地方、研究センター、公的金融部門を、長期的に連携させる必要がある。再生エネルギーの開発や、建物の断熱、都市再生、イノベーション的生産手法の導入、耐久性の長い製品の製造、エネルギーの節約は、フランスとヨーロッパが早急に目指すべき、未来の経済の方向となるだろう。

製品の品質向上に向けた、粘り強く多様な取り組みも、推進が急がれるもうひとつの政策課題だ。とはいえ、高級品や贅沢品へ「逃避する」すべきだというわけではない。いわゆる「生活必需品」など、もっともシンプルな製品も含め、さまざまなレベルの製品の品質を高める必要がある。かつてスイスの時計メーカー「スウォッチ」同様、ルーマニアの車「ダチア」の商業的成功は、品質を重視し、従業員が率先してイノベーション達成に取り組むことを重んじる企業にとって、こうした品質向上政策がいかに重要であるかを示している。

また、こうした政策を実現するには、競争を重視する欧州連合の政策上の鍵を緩める必要がある。そうすれば、各国が将来性のある戦略的な産業分野を支援して、中小企業が支援を受け、利益を得る環境を整えることが可能になる。ドイツの各州のように、地方自治体を対象とした地域基金を創設すれば、中小企業を積極的に支援できる。

**われわれの提言**

エコロジー的移行とエネルギー転換に向けた、新しい「壮大なプログラム」を推進する。

欧州連合が進める競争重視の規制を緩和し、地方自治体を対象とした地域基金創設を媒介して、中小企業を積極的に支援する。

フランス国家保有株式監督庁（ＡＰＥ）の資産と預金供託金庫の資金をもとに、ソブリン・ファンドを創設する。

公的投資銀行（ＢＰＩ）の権限と資金調達手法を拡大し、欧州投資銀行（ＢＥＩ）を改革して、優先順位の高い長期的投資案件に融資させる。

第**4**章

# 企業ガバナンスに変化を

企業は社会の生産システムと社会関係の中枢を占めるものだ。企業がうまく機能せず、最悪の場合、破綻すれば、社会や経済、地域には壊滅的影響が及ぶ。ダイナミックに活動し、イノベーションを達成する企業は、われわれの社会が良好に機能するうえで欠かせない存在だ。だが、30年に及ぶ自由主義は企業統治のあり方を根底から変えてしまった。

### 「株主価値」と企業の対立

企業という組織には、社会の需要に応えてさまざまな富を生産することと、生産物を市場で販売して利潤を上げることを目的とする。企業という舞台を中心として、労働者は才能と能力を発揮し、技術は発達する。また企業には、収入を分配すること、とりわけ利潤と賃金を分配するという大きな役割もある。

どの時代でも、この企業の収入分配のあり方は——企業内の権限の行使のあり方と同様——闘争と妥協の産物であった。

戦後、企業が変化（いわゆる「フォーディズム（労働者の賃金を上げることで消費を活発化すること）」の時代）したことによって、金融的収益性のみを追求する企業モデルは過去のものとなり、とりわけ価格に基づいた賃金の調整と利益の配分の自動的メカニズムが導入された。同時に、産業部門や金融部門では、国有企業が大きな比率を占めるようになった。

ところが1970年代に入ると、企業の役割には重大な変化が生じ、1980年代以降、この変化はさらに加速して、株主の利益が何よりも重視されるようになった。いわゆる「株主価値」の「理論」が重んじられ、よき企業経営には株主の利益を最大化することが求められるようになった。これ以降、労働は単にコストとみなされるようになった。何にもまして、配当の増額と、株式市場で決まる株価の上昇が追及され、将来への投資や研究開発は後回しにされた。

多くの場合、金融資本は、株を制御することで、大企業の意向に沿って真の解体を行なった。つまり、アウトソーシングや下請け化によって分社化を進め、もっとも利益率の高い主要事業に社業を集中し、それ以外の事業から撤退してきた。こうして、企業の付加価値に占める労働報酬の比率は（1972年の69・5パーセントから2006年には64パーセントに）低下した。一方、営業利潤は（1972年の30・6パーセントから2006年には32・7パーセントに）増加したが、事業への投資は（1972年の26パーセントから2006年には23パーセントに）縮小している。

こうした変化は主に株式を上場している大企業（特にCAC40）で進行しているが、下請け関係を通じて、（下請けの中小企業に）その影響が広がっている。こうした変化が生じてからは、もはや株主のみに仕えるのではなく、企業活動に関わるさまざまな人間やパートナーを結びつけ、「運命共同体」を共有する企業という新しい概念を考案し、この窮地から脱出することは、簡単なことではない。とはいえ、企業の存立基盤を盤石なものにし、企業のあり方を見なおすことは、おそらくもっとも早急に取り組む必要のある課題である。

企業のあり方を考えなおす

企業のあり方を見なおすためには、企業の目的、組織、企業の意思決定の本質を導き、方向づける指針のような（労働者、経営者、株主とのあいだの）権限の分配の仕組みなどを考えなおす必要がある。
まず、以下の４つの指針を優先的に考えなおすべきだと思われる。

**企業の目的を考えなおす**

企業は財や有用なサービスを創出し、富、つまり単なる利潤ではなく、付加価値をもたらすことを目的とすべきだ。取締役会が担う「社会的責任」は、社会的役割と使命とをまっとうすることでなければならない。環境や社会に対する責任を最優先という目的を追求しているかどうかで「社会的責任」は判断され、企業自身も評価されなければならない。

**企業の組織を考えなおす**

企業は、法的基礎を存立の根拠としなければならない。この法的基礎によって、企業は、とりわけ分配、信頼、ノウハウの移転のうえで機能する労働集団であり、その目的は有益で、環境を守る商品を生産することにあると事実が、認知され、保障される。フランスでは、会社法は、企業について特別に言及することをしておらず、資本会社しか認めていないため、資本会社が企業より重要視されている。これが現状であるため、資本会社（とりわけ株式会社）は、利潤の最大化以外の目的を企業目的に加えることを認めていない。従来とは異なる法的支援を立案し、さまざまの関係者（株主だけでなく、経営者や経営幹部、その他の賃労働者、顧客、納入業者、地方自治体）が参画する社会共同事業として企業を位置づける必要がある。

もちろん、資本会社が最優先するもの以外の原則に基づいたタイプの企業もすでにある。それが、社会的連帯経済（ＥＳＳ）の分野で活動する企業やアソシアシオン〔監訳者あとがき参照〕である。現在、フランスには、この社会的連帯経済の分野で働く労働者が２００万人以上いる（総被雇用者数の10パーセント）。社会的連帯経済には２つの原則がある。まずその目的は利潤ではなく、利益を得ることではなく、構成員が認める、社会的目的を達成することにある。次に、社会的連帯経済の運営は「１人１票」の民主主義の原則に則って進められる。ただし、（3万人の労働者がいる）経営参加型協同組合（Scopy〔労働者が資本参加し、経営権ももつ〕）は別として、この民主主義の原則は労働者に適用されていない。この社会的連帯経済の登場により、従来とは異なる企業のあり方が考えられるようになった。この経済部門においては、企業を構成する多種多様な関係者が生計を立てられるようにし、その活動の中心には一般的な規則で、社会問題や環境問題に幅広く対応する（たとえばＡＭＡＰ〔小規模農家を維持する連携運動〕など）共同プロジェクトが設けられている。こうした企業活動は、きわめて有意義なものだが、多くの場合、いくつもの限界に行き当たる。とりわけ、活動の拡大に必要な資金源が確保できない場合が多い（近年成立したアモン法〔Loi Hamon: ２０１４年に成立した消費者保護法〕は、この障害のごく一部をとり除くに留まっている）。だが、社会的連帯経済だけでなく、他の企業活動すべてを見なおすことが望ましい。ドイツの例は（スウェーデンにおいてもまた）、こうした企業活動の見なおしが可能であることを実証している。大企業の場合は、監査役会が企業戦略を指導し、監査役会の役員の半数は賃労働者の代表が占めている。

**企業統治の基準を考えなおす**

「株主にとっての」価値創出の必要性をもっとも重視する理論の影響を受け、近年の企業では本当に新しい手段が氾濫し、労働者の活動を深く、しばしばすみずみまで点検するようになった。企業で営まれる活動をつねに計量し、報告して、予測との「ずれ」をひとつ残らず追跡していく、「報告《レポーティング》」▽08と呼ばれるこの手法は、企業内のあらゆる階層で、賃労働者の日常業務に張りめぐらされている。新しい企業管理の基準を導入し、本来の業績達成よりストレスばかりを生むこうした経営手法を緩和したり、ときには廃止する必要があるだけでなく、この手法に替わる企業統治基準の導入によって製品の品質を管理したり、エネルギーや廃棄物、中間消費財の無駄をなくすようにすべきだ。こうした管理基準の導入により、労働者の作業能率は向上し、それだけで企業目標が達成できるようになる。

**労働者の権利を考えなおす**

これまで論じてきた対策は、まず賃労働者の権利を考えなおさないかぎり、実行はほぼ不可能だ。(たとえば労働契約に明記されているような)労働者個人の権利であれ、集団としての労働者の権利(たとえば企業委員会や衛生安全委員会、労働条件委員会の権利)であれ、まずは真の「改革《アジョルナメント》」(*aggiornamento*〔ヴァティカンが用いる「変化」や「近代化」を意味するラテン語〕〕」を行なうことが望ましい。もちろん、納得のいく妥協が成立するまでには時間がかかる。だが、個人であれ集団であれ、賃労働者が一定の役割を与えられないかぎり、真の自立を認められないかぎり、その自主性が真の意味で解放されないかぎり、彼らのイニシアチブが企業運営のダイナミズムとリノベーションの要件として認められないかぎり、物的資源を無駄遣いせず、社会に役立つ製品づくりを志向するダイナミックで創意的で、ダイナミックな企業というものは成り立たない。こうした条件が整ったうえではじめて、企業は株主価値というイデオロギーの軛《くびき》から脱却できる。

**長期的なビジョンの確立**

今こそ、われわれの経済システムの発展について、長期的ビジョンをもつべきときではないか？　21世紀になっても、ダッソー〔航空機を中心としたグループ〕やプジョー、ミュリエ〔スーパーマーケット「オーシャン」を母体としたグループ〕など資本家家族のカースト制を維持する必要があるだろうか？　こうした大企業はフランスの雇用や生産性を

▽08　操業データと財務データを公表することで、ビジネスレポーティングとも呼ばれる。

本当には守ってこなかったし、拡大もしてこなかったではないか。企業のプロジェクト遂行や、イノベーション達成のための資金を確保するために、他の方法を考える必要がある。まず、企業の利潤に対する課税率を引き上げれば、収益性を目的とするのではなく、社会にもエコロジーにも有益であることを目的としたプロジェクトの多くに、融資する永続的開発の基金を創設できる。また、公的金融制度は、こうした発展を促すために、少しずつ資本参加することができるだろう。これによって公的金融機関であるこの基金は、エコロジー的社会の移行を対象とする民間の起業家が推進する、画期的プロジェクトにも融資せざるをえないだろう。

**われわれの提言**

企業と社会の権利を考えなおし、企業委員会に真の意味での監視権限を与えて、企業戦略の選択を監督させる。

賃労働者に新しい権利を与え、その権利を保証する権限（とりわけ労働監督の権限）を強化する。

社会と環境の要求を含む、新しい管理の基準を導入する。また、企業の利益に対する課税を強化して、公的投資基金を設立し、会的に有益な生産活動へ資金が流れるようにする。

新しい支援機関を創設し、社会の連帯性を重視した経済の充実を目指す。とりわけ、地方自治体を拠点とする地方銀行を創設することによって、社会経済連帯経済のためになる新しい支援を創設する。

第5章

# 経済を維持するために給与を引き上げる

新自由主義の考え方では、労働は他の商品と同じ、商品とみなされる。そして失業は、給与（もしくは社会保障負担）の引き下げによって解消される。つまり、人件費が低くなれば、雇用者は雇用を増やすようになると考えられている。逆に、最低賃金や労働者保護法は、雇用の拡大を阻む障害とみなされている。

しかもユーロ圏で実行されているこの政策は、貨幣価値を下げることは不可能なので、ユーロ圏加盟各国は、国内の（最低賃金や社会保障負担などの）引き下げと、構造改革（労働法の規制緩和や雇用の柔軟性の増大）との組み合わせで競争力を改善するという考えで正当化されている。だが、この政策を実行したために、現在の状況は惨憺たるものになってしまった。ヨーロッパはデフレに陥り、多くの人々が失業に苦しみ、雇用の質と労働者の置かれた状況は悪化の一途を辿っている。このモデルは危機に瀕《ひん》しているのだ。このモデルを断ち切るには、賃金労働者の価値を高めるほかない。

### 給与抑制策の行き詰まり

1980年代以降、ヨーロッパ諸国の大半で、経済の付加価値に占める賃金の比率は減少してきた。この減少は賃金労働者に不都合な力関係と、失業対策の名のもと、各国政府が推し進めてきた「給与抑制策」とによって説明できる。1980年代に厳格な方向へのかじ取りが支持されたのは、今日の利潤は明日の投資を生み出し、明後日には雇用を創出するという考えがあったからだ。だがそれから30年経った今、失業はきわめて高い水準〔フランスの失業率は10パーセント前後を推移〕に達し、不平等は賃労働者と株主のあいだだけでなく、同じ賃労働者のあいだでも拡大している。

2008年以降、たしかに企業の利益率（企業の付加価値に占める利潤の割合）は低下した。新自由主義者たちは、この現象に、給与の緊縮するためのさらなる論拠を見る。だがその原因は賃金上昇ではない。賃金は失業の増大とともに停滞もしくは減少しているのである。一方、給与と財政の緊縮とがあいまって、需要が減少し、企業は生産活動をフル稼働できなくなり、結局、そのことが利益率の低下を招いた。

賃金労働者間の不平等は大幅に拡大している。賃金労働者人口のわずか1パーセントにすぎない、もっとも高額の給与を受け取っている労働者の給与はめまいのするような高額にまで達し、こうした高額給与所得者は、おしなべて、平均給与の7倍（すなわち最低賃金の11倍）もの高給を受け取っている。ピラミッドの底辺では、最低賃金が増大する賃金労働者の一部を埋めあわせている。

賃金の不平等と非熟練労働者の失業に対する自由派の説明は、生産性の相違に基づいている。賃金は個人の生産性によって決まることになる。とすれば、高賃金の生産性はずば抜けて上昇したはずであり、一方最低賃金は非熟練労働者の生産性を上回っているはずである。だが、生産性は、個人のもつ特性ではない！　もちろん、個人の能力は、教育や経験によりさまざまに異なるが、そうした能力は価値創出の条件にすぎない。生産性はあくまで、集合労働がもたらす結果である。生産性とは具体的な企業のレベルでしか確認することができないものだ。したがって、賃労働者のあいだで生産性をどう分配するかは、便宜上の問題であり、力関係の問題である。生産性の違いに基づく説明では、世界中の非熟練労働者の給与不均衡も、途方もない高額の賃金も説明できない。実は、高額の賃金は各企業の「金融化（la financiarisation）」から生じたものだ。金融化は、（株主や企業経営者などの）「エリート」が増大する付加価値を分捕るための強力な手段なのである。

この矛盾は2つの側で深刻化している。ひとつの側は、賃金労働者同士の連携を必要とする労働の組織であり、もう一方の側は、企業それ自身と集合労働のなかで、賃労働者のさまざまな競争を組織する「マネジメント」の側である。富の生産がますます集合化する性格と、労働の価値評価がますます個人化していく形式のあいだで起こるこの緊張は、現在、耐え難い水準にまで達している。こうしてトレーダーや投機家の報酬が、法外なものとなりながら、その一方で、彼らの主要な活動はこの集合的生産の価値をめぐって、ひたすらバクチを打っているのである。

われわれの社会を蝕むこの無秩序状態（社会規範の崩壊）を解消するには、とりわけ、最低賃金と最高賃金には共通の基準を定めることが重要だ。賃労働者が生活に基本的な欲求を充足できないということはあってはならない。同様に、上限のない高額の報酬も認めるべきではない。

社会保障負担免除と雇用の弾力化の倒錯した論理

1993年以降、フランスは、非熟練労働者の失業解消という口実のもと、他国に先駆けて、雇用者に対し、低賃金労働者の社会保障負担金の支払い義務を免除する政策を導入した（これは、フランスでも過激な改革が導入されてきたことの証《あかし》である）。最低賃金について見ると、雇用者を対象とするこの社会保障負担の減額は、現在、28パーセントに達している。きわめて高いものにつくこの政策（年間200億ユーロ以上の減額）により、労働者は、昇進の見通しのない、低賃金の仕事に就かされている。全体としてこの政策は、わずかな雇用しか創出していない。対象となる企業の大半は、とにかく生み出されるだろうはずの雇用によって援助を受けている。一方、それ以外の企業は賃金が低く、一時的雇用ばかりを創出し、雇用の質を重視する企業はないがしろにされている。この政策は若者や非熟練労働者の失業解消に役立っていないのである。この失敗から教訓を学ばず、税額控除（CICE〔正確には「競争力と雇用のための税信用」で、雇用創出のための税免除制度〕）と「責任の協約」がこうした社会保障負担免除に拍車をかけている。

「雇用の弾力化」政策は、非正規雇用の増加を招いた。パートタイム労働、期限雇用契約、派遣労働、支援付き雇用契約……こうしたさまざまな雇用形態の拡大により、若者や非熟練女性を中心に、生活の不安定化と貧困が広がっている。同じくドイツもパートタイム中心の雇用を創出する選択をした。イギリスでは、一定の労働時間ではなく、仕事に応じて賃労働者の雇用を可能にする「オンコールワーカー」〔雇用主の求めに応じて不定期に短時間就労する労働〕が増えている。ドイツの「ミニ・ジョブ」〔2003年から2004年にかけて導入された労働協約を緩和する改革〕、ポルトガルの「グリーン領収書」〔労働者を独立自営業と考える制度〕など、ヨーロッパ各国でこうした低賃金労働契約が増加している……今や、雇用は貧困から身を守る手段ではなくなった。

新自由主義の改革は、失業給付と最低所得保障を減額することで、不安定な立場にいる労働者に賃金のきわめて安い仕事でも受け入れるよう促してきた。これでは、労働者の不安定な身分と貧困は増すばかりだ。これがフランスの雇用政策と活動的連帯所得手当制度（RSA〔最低賃金を保障する制度〕）が招いた結果である。

### 給与の増額のために

賃金は消費を支え、ひいては企業にとっての需要や経済活動、雇用水準を支えている。経済の好循環をもたらすには、賃金と最低賃金を頻繁に引き上げ、雇用を安定させて消費を活性化する必要がある。これとは逆に、所得の不平等が拡大すれば需要の恒常的な不足を招き、それを補うべく金融化の拡大が起こり、金融危機が到来する。

世界経済は世界的な需要不足に悩んでいる。多くの国の指導者も、賃金の引き上げを訴えている。こうした状況はアメリカ合衆国でも（バラク・オバマ大統領は最低賃金の40パーセント引き上げを表明している）、中国でも（近年、中国の最低賃金は大幅に上昇した）変わらない。それなのにヨーロッパだけは、貿易黒字が拡大しているのに、賃金の抑制に躍起になっている。ヨーロッパは、分配の仕組みを根底から変え、低中所得層の賃金（と社会保障給付）を引き上げる必要がある。それはドイツやオーストリアなど、貿易黒字を溜めこんでいる国々でもっとも主張されねばならない。

基本的に、競争力の強化は人件費の減額や、雇用の質の低下では実現できない。支配的通説とは逆に、最低賃金保障は競争力の強化を阻害するものではない。それどころか、最低賃金保障は賃金の調整（regulation）を促し、団体交渉の動向を左右する。最低賃金の引き上げは、貧困や不平等の解消に役立ち、企業内の結束や社会の結束を高めてくれる。

投資の収益性という要求の増大を考慮すれば、競争力を左右しているのはますます重くなっている資本費用だ。まず、配当の法外配分を減額すべきだ。フランスのような国にとって、長期的な競争力は、製品の品質や製品の画期性《イノベーション》など、コスト以外の要素だ。また、今後、競争力は、製品の耐久性やエコロジー的要求に対する貢献度が決め手となる。その一方、製品の品質や耐久性、画期性は、労働者の企業内での処遇と密接に結びついている。

**キャリア育成の決め手——無期限雇用契約**

したがって、経済の発展には、賃労働者の地位向上が欠かせない。とりわけ、特定の業務にともなう苦痛を減らし、労働者にキャリアの階段を登らせることで、いつまでも厳しい業務に就かせないよう配慮することが大切だ。各企業（中小企業向けの共済制度に登録する企業）はキャリア形成プランを確立すべきだ。たとえば、倉庫係として働きはじめた若者が、いずれは売り場責任者や店長に昇進できるような制度をつくるべきだ。さらに、賃労働者が転職し、一定期間失業しても、社会人としての権利が守られる「職場保障」制度の確立ももうひとつの決定的な手段だろう。要するに、公営であれ民営であれ、組織や企業など「雇用者」の能力を育成することが重要なのだ。具体的には、雇用者に人材の採用から育成のこつを学ばせ、個人もしくは集団として質を高めることを学習させるのだ。重要なのは、こうしたやり方により、個人の責任だけを重くするのではなく、雇用者と集団を含む、キャリア構築のあり方を真剣に考えることだ。

各企業は賃労働者をとことん搾取し、生産性が落ちたからといって解雇するのではなく、その資質を維持し、育てることに専念すべきだ。これこそが国民の経済発展の基盤である。

労働者の収入の不平等を引き起こす主要因は、時間給ではなく、年間の就労期間だ。したがって、労使交渉に基づいて、うまく定義された例外的な業務だけに非正規労働者の利用を制限することで、雇用と就労期間を安定させることが重要だ。以前のように、どの労働者も無期限雇用契約のもとで働くようにすべきだ。そうすれば、賃金労働者は皆、労働組合に登録するようになり、労働組合は安定する。消費や投資も活性化する。同様に、業務委託はできるかぎり制限すべきだ。業務委託は賃労働者を弱め、労働者の地位やキャリア、給与、そして場合によっては安全すらも損なうからである。

逆に「天下り」や、特定の社員だけに「年金の帽子（キャリアに応じて年金に割り増しを付ける制度）」という特典を設ける慣行は廃止すべきだ。以前より権限が強化され、賃金の上限を明記し、報酬の個人化を制限した給与表や労働協約のおかげで、各企業における賃労働者の序列は（現在の1～20の序列から明日には1～10に、最終的には1～5に）縮まるはずだ。

**われわれの提言**

業務委託や期限雇用契約、パートタイム労働の導入を制限して、企業内の地位の不平等を縮小する。

企業内の賃金の不平等を縮小する。

キャリア育成に関し、集団交渉が義務づけられる領域を拡大する。

ヨーロッパ型の低中所得層の地位向上プログラムを導入する（貿易黒字を達成した国ではさらに給与を引き上げる）。**その主な手法として、**最低賃金制度を普及させる。

第6章

# 完全雇用は実現可能である

## ——経済政策にとっての最重要課題

「完全雇用など昔の話」「完全雇用は例外的な現象で、もうありえない」。不幸なことに、世の中にはこうした考えがはびこっている。われわれは逆に、社会は易々と完全雇用を諦めてはならず、経済政策の方向性を見なおせば、完全雇用は可能だと考えている。

1970年代の初めまで、完全雇用は経済政策の主要目標だった。完全雇用を維持することで、賃金労働者の結束は高まっていた。危機やオイルショック、生産性の低下にともない、インフレの進行と株主にとって不利な富の分配が、付加価値の分配をめぐる争いを招いた。1980年代初頭には、資本主義の再活性化、付加価値に占める資本の役割の復活、インフレ率の減少を目指す目的とした、自由派の反革命が起こった。この所有者階級のこの権限復活を目指す運動の主たる手段は、組合の役割の減少と、大量の失業発生を許容する経済政策だった。さらに、経済のグローバル化のおかげで、資本は世界中の労働者を競争させられるようになった。こうして労働者の多くは賃下げや労働条件の悪化を受け入れるほかなくなった。

金融危機と、２０１０年以降続けられてきた緊縮政策によって、この状況はさらに悪化した。２０１４年、フランスの失業者数は、労働力人口の10パーセント以上に相当する３５０万人近くまで達した。このうえさらに、パートタイムなどの不安定な仕事を余儀なくされたり、求職を諦めている人々が１５０万人もいる。国際労働機関（ＩＬＯ）の定める不適切雇用の状態に置かれている人々は１０００万人に上《のぼ》る。▼02 ユーロ圏の失業者数は、労働力人口の12パーセントに相当する２６００万人に達している。若者の失業率はさらに高く、大きな損失である。

われわれが提唱する分断の戦略は２つの目標を掲げている。まず完全雇用をふたた

▼02 「オートル・シッフル・デュ・ショマージュ（ＡＣＤＣ：「別の失業率統計」の評価）」。ＩＬＯが定める不適切雇用とは、低賃金の仕事、不安定な労働契約（期限雇用契約、派遣労働、職業研修労働「スタージュ」、支援付き雇用契約）や、不完全雇用（より多く働きたいという人々や地位を格下げされた人々）、健康を害する危険な仕事を含む。

び実現し、働ける状態にある誰もが、あまり時間を置かずに満足のいく仕事を見つけられるようにすること。次に、雇用の質を改善し、労働条件のような法令の水準でを向上させ、報酬を増やすことだ。

**完全雇用は実現可能である**

ロジックを変更するには、市場の監査から生み出される状況に屈しない経済政策を貫く必要がある。2014年、ユーロ圏全体の圏内総生産は、危機以前の傾向と比べて10パーセント減少した。この10パーセントを取り戻せば、失業は間違いなく、大幅に減少する。だがそれは可能だろうか？　ヨーロッパ各国には緩慢な成長を辿るほか道がないのだろうか？

実際には、3つの議論を明確に区別する必要がある。

・2007年以前の成長は、金融化と（民間部門と公共部門の）負債に基づいたものであったため、経済的に維持不可能であった。これが所得分配と脱金融化という衝撃を正当化している。

・今後、経済成長は人口減と生産性の低減により鈍化するだろう。だがフランスは幸いにも、一定の人口動態を維持しているため、今後も活動労働力人口もわずかながらも増えつづけていく。一方、生産性の利益は予測するのが難しい。多くのサービス部門の生産性は衰退していたり、測定が困難だったりする。その他の産業部門の生産性は、緊縮政策が招いた成長の鈍化により、低迷しているのが現状だ。他方、経済成長は生産性の利益を促す。この生産性の問題は非熟練労働の雇用創出を重視する雇用政策によって悪化している。いずれにしても、生産性の利益低下は、より「多くの」雇用を創出するので、「一見すると」失業の減少を促す。

・エコロジー的規制によって、環境を汚染し、エネルギーを大量消費するある種の産業部門の成長を抑制する必要がある。しかしこうした規制は、多くの雇用を生む活動や、地方にあまり普及していない活動(たとえば建物のリノベーションなど)の育成にも適用されるべきだ。

エコロジー的移行に重点を置いた経済振興策は、現在、労働や資本の大半がこの分野に投入されていない分、割安なものになるはずだ。現在、金利は低水準にある。この政策は、多少のインフレ懸念がともなう、やや加熱気味の経済を取り戻し、デフレの瀬戸際に立つ現在の経済モデルから離脱することを目標にすべきだろう。

われわれが提唱する完全雇用政策は、3つの柱で構成される。すなわち生産的再編成と特に産業の再編成、労働時間の短縮（RTT）こと、公共部門の3つである。

**完全雇用と生産性の高い産業再編を組み合わせる**

緊縮政策に終止符を打ち、エコロジー的転換と社会的展開に向けた積極的戦略を駆使すれば、失業は着実かつ大幅に減少するはずだ。地方の交通機関、住居の建設や断熱工事、都市の再開発、農産物の健全化、高級化や耐久性のある高品質の製品の生産に向けた産業の再編など、雇用を必要とする分野は数多くある。国家は公共土木事業の企業に対しても、産業企業に対しても、（公共調達や民間需要の喚起などの）需要支援と、

（研究や職業教育、再生支援などの）供給支援を通じて、こうした政策を断固として推進すべきだ。この政策は、エネルギーを浪費せず、しかも多数の雇用創出につながる場合の多いサービス部門でも有効である。教育や医療、介護など、潜在的に雇用を必要とする分野はまだ数多くあり、しばしば効率的にし、支援を与え、組織化（ノルマや品質保証を設けて、雇用の質を高める）する必要がある。

若者が職にありつけないのは、ほとんどの場合、マクロ経済的な状況に原因がある。企業は、需要不足によって、追加の従業員が必要でないので、人材を採用しようとしない。若者の失業を、「訓練の低さ」や「研修期間の不充分さ」で説明しようとする議論があるが、多くの場合、まやかしにすぎない。完全雇用に近い状態になってはじめて、企業は熟練労働者を雇うことが難しくなる。そして経験が示すとおり、完全雇用になれば企業は、求める水準に達しない人材しかいなければ、職業訓練を施してでも人材を採用することを厭《いと》わないものだ。

### 労働時間短縮を再開する

労働時間の短縮は昔からの傾向である。19世紀の中頃から、労働時間は短縮しつづけている。問題はこの労働時間短縮を、どのようなかたちで実現し、実現しなければならないかを知ることである。労働時間の短縮は、労働者全体の週当たり労働時間を減らすことでも実現できるが、パートタイム労働の禁止や労働者を不労状態にすること(失業や現役からの引退)、つまり個人の労働や不平等を減らすことでも実現できる。主に女性が担っているパートタイム労働を増やすことは、労働者全体の労働時間の短縮が解放の源泉である以上、時代の流れに逆行するものである。労働時間の短縮は、そこから生まれる富の分配を公平化し、労働時間をすべての人々のあいだにより公平に分配できる。フランスでは、週35時間労働制の導入で、30万人分から50万人の雇用が増えた。週35時間労働制は、労働の年俸化や労働強化——これが一部の賃労働者の労働条件の悪化を招いた——をともなっていなければ、より多くの雇用を創出していたはずである。

豊かである反面、エコロジーに重い負担を強いている社会では、他のかたちの労働時間短縮を検討することができる。フルタイムの商人の雇用を増やすには、あれこれ手段を講じる必要はない。社会保険料の増額を受ければ、(あるものは60歳になった時点で、あるものは40年間社会保険料支払いで)早期退職を維持することは可能だ。長期の職業訓練や再訓練、1年の休暇を増やすことは可能である。幼児を抱える両親（男親であれ女親であれ）が自由時間を与えることも可能だ。これ以上の措置が必要だろうか？ 働かずに済む、生活保護制度を確立すべきだろうか？ われわれはこうした方策には与しない。貧困層における就労しない人口を増やすリスクが高いからだ。「誰もが働く義務と雇用の権利を持つ」という原則は尊重すべきである。ただし、この原則の適応には、充分な柔軟性をもたせるべきだ。

## 社会が必要とする公共部門の仕事を増やす

質の高い完全雇用実現のための3番目の方策は、公共部門の直接の雇用を増やすことだ。公共部門は、富を創出するのではなく破壊するような不毛な分野ではない。新自由主義のイデオローグたちの主張とは逆に、公務員の増員は乱費と同義語ではない。多くの場合、公共部門の雇用は民間の雇用よりも有益かつ有意義である。大学教授を広告代理店の社員と、女性保育士を金融機関のトレーダーと比較してみればよい。公共部門の雇用の費用はあまり高くはない。フランスでは、公務員の数を100万人増やしても約300億ユーロ（1人当たり3万ユーロ）の支出である。一方、低賃金労働者を対象とした減税額を計算してみると、給与額の低い一時的雇用の場合、その平均費用は最大で1人当たり4万ユーロ（場合によっては8万ユーロ）にも達する。幼児の公共サービス、高齢者や介護を必要とする人々の介護、課外活動の活性化など、公務員を必要とする分野は事欠かない。（医師、歯科医、弁護士、公証人、官公庁の用務員など）のさまざまな職業分野において、市の無料診療所やサービスが、現在の私営の専門職よりもはるかに安い価格で、質の高いサービスを提供することができるだろう。

公共的雇用のもうひとつの提供先は、「最後の雇用主（ＥＤＲ）」と呼ばれる国家の活動、および地方自治体、アソシアシオンの活動である。「最後の雇用主（ＥＤＲ）」政策とは、政府や自治体がその権限を行使して、働く意欲のある人々に対して、最低賃金と同額の給与でフルタイムの職を提供し、仕事の習熟度に応じて給与を引き上げる仕組みだ。この政策の狙いは、失業者を受け入れ、多くの働き手を必要とする社会的に有用な分野で質の高い雇用を創出し、失業者に就労させることにある。具体的には、高齢者や病人の介護、都市環境の整備（緑地の開発、社会的調停、建物の修復）、環境、学校環境の活性化、芸術活動、余暇時間の活性化などが挙げられる。「最後の雇用主（ＥＤＲ）」政策は、景気の動向や、人材の特性（高齢や学歴不足）などを理由に民間部門が採用しない人材に職を提供する。こうした政策によって需要が満たされ、いずれは役所や民間企業、さらには画期的な新しい社会組織（生産「共同体」など）がその需要を満たすようになる

経済政策の最終目的に、10年分の利子率や公的債務の比率を据えたりする、新自由主義の不合理な理念から脱却する必要がある。質の高い完全雇用の達成をあらためて、経済戦略の中心課題にしなければならない。

**われわれの提言**

質の高い完全雇用の実現を経済政策の第1目標とする。

生産体制の見なおしによって雇用の増加を図る。

労働時間の短縮を追求する。

公共部門やアソシアシオンにおける雇用を増やし、社会の需要を満たす。

第7章

# 公共支出を見なおす

「公共支出は非生産的だ」「公共支出は企業の活力を損なう」「成長を取り戻すには、公共支出を削減すべきだ」。世の中には、こうした誤った考えがはびこっている。公共支出を新たな目で見なおす必要がある。公共支出をめぐる議論は数限りなくある。過少評価されることが多いが、公共支出は家計の不足部分をかなりの程度、満たしているし、不平等を大幅に是正している。公共部門は国内総生産の増加に貢献しているし、社会的に有益な雇用を創出している。

**公共支出とは何か**

公共支出の金額はフランスの国内総生産の57パーセントに相当する（2013年の時点で、国内総生産は2兆1140億ユーロで、公共支出は1兆2080億ユーロ）。とはいえ、これは国内総生産の残りの43パーセントが民間の支出や活動で占められているということを意味していない。国内総生産と公共支出を比べると、公共支出はなじみの大きさと比較される。そのことはそれ自体根拠がある。だが誤解してはならない。公共支出は国内総生産の一部ではないのだ。

公共支出の大半は社会保障給付金が占め、しかもそれは増大する傾向が著しい。その内訳の第1は、年金、家族手当、失業手当が大半である（いわゆる「現金支給的な」社会保障給付金、フランスの国内総生産の20パーセントに相当する4200億ユーロ）。その他、医療費還付金、自由診療還付金、「託児還付金」（いわゆる「現物支給的な社会的所得移転」、フランスの国内総生産の6パーセントに相当する1250億ユーロ）もある。こうした社会保障給付金は社会保険料とその追加分（一般社会保障税「CSG」など）が財源となっている。社会保障給付金は一般家庭に支払われ、その支出は企業に支払われる。したがって、理髪店で散髪料を支払う男性の年金受給者や、新学期手当を使って子供に学用品を調えてやる両親は、そのお金を公共支出で賄ってもらっているのである。つまり、「社会負担」という芳しくない名前で呼ばれる公共支出は、一般家庭にとっての収入であり、民間部門に大きく貢献しているのである。

また公共支出は非営利の公共サービスの費用も賄っている。支配的経済学者の主張によれば、公務員は民間部門――こうした経済学者が唯一、生産的と考える部門――から徴収された資金で給与を支払われている、非生産的な被雇用者ということになる。これほど間違った考えはない。公務員は（教育や医療など）国内総生産において数値化できる価値をもつ、有益なサービスの生産者なのである。各省庁の付加価値は3550億ユーロ（フランスの国内総生産の17パーセント）にも達している。ある意味でこの数字は、少なすぎる。教育や医療、学術研究、文化などさまざまな分野の需要を満たすために公共支出を増大する必要があるだろう。それでも、公共支出のこの金額は無視できるレベルのものではない。この数字は金融機関以外の企業が生み出す付加価値の3分の1に相当しているのである。

人は歩道を歩くのに、学校に入学するために、お金を払わない。つまり、役所の生産物は基本的に非商品的なのだ。だが公共サービスは利用者にとって無料だからといって、ただで提供できるわけではない。あらゆる生産物同様、その費用をきちんと支払わなければならない。その役割を担っているのが税金であり、それが非商品的生産物――商品生産物ではないが、商品を補完するもの――の費用の集団的支払いを可能にしているのである。公共サービスの費用を賄っている税金は、コーヒーやパンといった商品の価格と同じ役割（生産物の価格を支払う）を担っている。教師は、生徒が消費する教育サービスを生産して、国内総生産に貢献しているのである。

生産された公共サービスは、消費という言葉で存在する。この消費は個人化されたサービスであり、市民（教育、公立病院、文化、託児所）と集団（行政、警察、裁判所、軍隊）はそれによって利益を得る。

国内総生産に占める行政サービス（警察、裁判所、軍隊、税務署）の総支出の比率は、どの先進国でもほぼ一律である。フランスの公共支出の比率の高さは、ひとえに社会保障給付金や、一般家庭に直接支給される支出からきている。フランスは世界各国のうち、年金生活者の貧困率がもっとも低い国であり、年金生活者が現役世代とほぼ同じ生活水準を保っている国である。われわれはこのことを誇りに思うべきだ。フランスの子供の数はドイツより50パーセントも多い。子供は育てなければならないが、それには費用がかかる。

### 公平と効率の源泉としての公共支出

公共支出は生産物の販路を大量に支えており、この販路が――需要がなければ供給はありえない――生産水準を決定している。フランスでは、すべての先進国同様、販路の80パーセントを消費が占めている（残りの20パーセントは、投資と輸出が占めている）。このことは何を物語っているのだろう？　まず、個人的消費（教育、病院、医療。消費総額は３２９０億ユーロ）と、集団的消費（裁判所と警察。消費総額は１８１０億ユーロ）は、行政によって賄われている。また、家庭の最終消費支出は、家庭が直接支払っている（１兆１２６０億ユーロ）。ところが、家庭の消費支出のかなりの部分が、年金や家族手当などの社会保障給付金で賄われている。高めに見積もって、この社会保障給付金の15パーセントが貯蓄されたと仮定すると、消費された金額は３６００億ユーロとなる。つまり、公共支出は消費全体の半分を支えていることになる（1兆６８００億ユーロのうち、約８７００億ユーロ）。同様に、たとえば住宅建築や公共事業などに充てられる公共投資（８６０億ユーロ、国内総生産の４パーセント）は、この部門の活動、ひいては民間部門の収入に貢献している。

したがって、公共支出を減らせば、国内総生産は必然的に悪い影響を受ける。[03] 現在のフランスやヨーロッパのように、不況とデフレがひそかに進行している時期に公共支出を減額すると、公共部門と民間部門の生産活動の低下、失業、消費や投資の需要が低下という悪循環が生まれる。

ある国では、公共支出は非常に少ない。こうした国々は医療や年金生活者の世話を民間部門に任せる選択をした。こうした国々の企業は、毎月月末に支払う社会保障「負担」が少なくて済んでいるが、その代わりに民間の保険会社や、年金基金により

---

▼03　第2次世界大戦後の「栄光の30年」において、フランスの国内総生産に占める公共支出の割合はほとんど増えなかった。1959年には37パーセントだったものが、1974年になっても40パーセントにすぎなかった。だからといって公共支出が増えなかったというわけではない。それどころか、逆に公共支出は、純所得同様、ぐんぐんと増えていた。これによって需要が支えられ、ひいては国内総生産が増えたのである。このことから最終的に、公共支出が相対的に安定した国内総生産に占める割合、分母としての重要な役割があらためて理解できる。

支出は活動を支えているが、社会の団結を高め、不平等を是正するうえでも重要な役割を果たしている。フランスでは、最富裕層の20パーセントの第1次収入（賃金、資産収入）は、最貧困層の20パーセントの8・6倍以上もある。この差は、直接税制度（特に所得税）と社会保険料負担によって6・8倍にまで縮小されている。この不平等の是正には、賃金から天引きされる社会保障負担金よりも、公共支出が大きな役割を担っている。富裕層と貧困層の差は、社会保障給付金と公共サービスによって、最終的に3・1倍にまで縮められている。

多くの金額を支払っている。こうした国々のほうが健全と言えるだろうか？　米国の平均寿命はフランスの平均寿命より2年半少なく、一方、医療支出の総額はフランスを上回っている（米国の医療支出が国内総生産の17・9パーセントであるのに対し、フランスは11・7パーセント）。さらにある企業は多額の年金支払いのために経営が弱体化している（かつて自動車メーカーのクライスラーがそうであったが）。

## 公共支出を見なおす

今後、公共支出は、もっと増やすべきだ。これによって、家族手当を増額し（子供の20パーセントが貧困状態にあるが、一方全人口でそうした状態にあるのは14パーセントである）、授業延長の改革を成功させ、奨学金を増額し、大学の予算を引き上げ、最初の就職先を探す18～25歳の若者を対象にした社会同化手当を創設する必要がある。今後、社会保障は、教育や医療、高齢者や介護を必要とする人々の介護などの分野で必要性が高まっていく。こうした分野では行政の介入のほうが市場による介入より効果的である。エネルギー移転の分野だけでも、年間の公共支出による投資額は国内総生産の3パーセントを生み出すと推計されている。

公共支出を見なおすためには、公共支出の有効活用が必要なのは言うまでもない。公共支出はよく、腐敗（汚職）や横領、バラまき、無駄遣いの同義語になる——ある国では今もこの状態が続いている。公共支出を有益に使い、効率よく管理するためには、担当機関（国民議会や会計検査院、州会計検査委員会など）による評価を受ける必要がある。またこれらの担当機関は市民や、市民がつくる組織（組合、ユーザー団体）と緊密に連携する必要がある。残念ながら、もう20年以上も前から、まったく異なる検査文化ができあがってしまった。本来は、公共サービスの質を改善し、公共支出を、年金生活者や病人、家族の福利厚生向上のための、教育や研究の力で国の長期的な発展を図るべき原資と考えねばならないのだが、公共支出の評価は単なる役所の義務に堕してしまった。本来は公務員と市民の両方を動員して、一般的利益という使命を実現するべく公務員と市民が全体として動員されるべきなのに、公務員と市民のあいだに不信感が広がり、反目し合っている。

今こそ、公共支出を見なおし、これまでとは違った方法で管理すべきだ。

（とりわけ病院、教育、研究、社会住宅への）公共支出を増額し、多くの社会的需要を満たす。

一般市民を評価や管理に参加させ、公共支出を考えなおす。

国民の予算と欧州連合の予算を増額し——欧州連合の予算は各国が加盟期間中に2倍に増額し、国内総生産の2パーセントまで引き上げる——エコロジー的移行の原資とする。こうした環境移行の方向に沿った活動の推進を義務づける。

第8章

# 社会の結束を高め、環境を守る税制

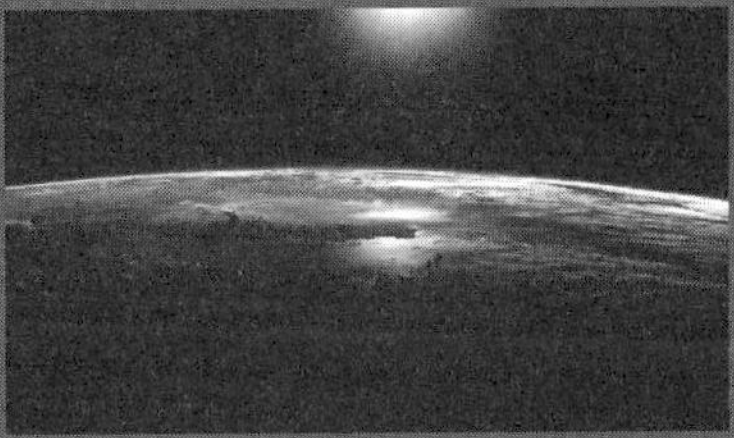

世の中には、減税を擁護する議論が絶えない。こうした議論の狙いは、危機や賃下げ、大企業や金融の行使する権力、収入と資産の不平等の拡大など、社会の貧困化を招く真の原因を隠して、社会に蔓延する怒りと世論を「重税の圧力」に向けることにある。新自由主義は、所得税の累進性の抑制、付加価値税（ＴＶＡ）や一般社会保障税（ＣＳＧ）など比例課税の推進、企業に課される負担金としての社会保険料の段階的軽減によるような地方自治体の税負担への移転により、公共財政の荒廃を招いた。この基本目的は、公的介入や社会保護の規模を制限することにある。

税金のあり方を見なおさなければならない。自分が食べる食事に代金を支払うことは誰もが当然のことだと考える。同様に、子供たちに教育を受けさせ、病人を治療し、年金生活者が尊厳を保って生きていけるようにするには、要するに１人ではなく全体として生き、社会を構築するには、税金と負担金を払うべきだというのはまったく明らかなことにちがいない。とはいえ、税制が社会を構成する誰にとっても納得のいくものになるには、公平で効率的なものでなければならない。

### 社会の連帯を高め、エコロジーを守る税制を目指して

連帯とエコロジーの社会を達成するには、税制は基本的に3つの目標を達成しなければならない。

### 公共支出を支払う

医療、教育、年金、失業保険、幼い子供たちの養育、貧困層の支援など、各家計にとって欠かせないものの大半は、社会全体で保障すべきである。集団的交通や社会的住宅、文化、スポーツ、そして何よりもエコロジー的移行とエネルギー転換に資金を投じるべきだ。こうした分野では、公的介入のほうが市場の介入よりも公平で効率的である。

**収入を再配分する**

生まれた時からの所得の階層性は満足すべきものではない。遺産や略奪した富によって法外な収入を上げている人々がいる一方で、生まれや不運のせいで貧困に喘《あえ》いでいる人々がいる。近年になって、所得や資産の不平等が広がっている。税金と社会保障給付金を使って、この不平等を減少しなければならない。もっとも富めるものは、もっとも貢献する能力があり、社会保障制度や特定の公共支出によって、一般の人々よりも多くの恩恵に浴している。彼らがその代価を払うのは当然のことだ。もちろん、理想は、人々の最初の所得分配はより公平で、企業の賃金の階層性は減少すべきである。だが現実がそうなっていない以上、不平等を是正するのは税制の役割である。

**社会にとって有益な行動（エネルギー経済）を奨励し、特定の産業分野（報道、出版）を助成する**

税制は、社会に高いコストを払わせる家計の行動（タバコやアルコールの消費）や企業の行動（環境汚染や商品の無益な輸送、解雇）を抑制するよう機能すべきである。

近年、税制は経済のグローバル化や資本の自由な移動によって弱まった。こうして多国籍企業やもっとも富裕な農政者は税金を支払う場所を選べるようになった。各国は彼らを守り、招致するために、高いコストのかかる税率引き下げ競争を演じている。ヨーロッパは、累進課税によって公共支出のレベルを引き上げる社会モデルを推進すべきだ。フランスとヨーロッパは税率引き下げ競争のロジックを拒絶し、税金逃れを許容する措置をすべて廃止すべきだ。

**家計間の公平性実現を目指す税制を**

家計のすべての収入は課税の対象とすべきだ。所得税は、より公平かつより累進的になることで、効力を発揮すべきだ。10万ユーロ以上の所得には45パーセントの税率を課し、さらに50パーセントと60パーセントの追加区分を設けて、累進課税を強化されるべきだ。

各家計の特殊事情（家族の規模、病人や介護を必要とする人間を抱えている）と社会的に有益な負担金（扶養定期金、寄付金、組合費）を勘案した措置は維持されるべきだが、租税の乱費（いわゆる「税のニッチ」）や適用除外措置は廃止すべきだ。一部の税額控除は補助金に置きかえるべきだ。たとえば、乳幼児公共サービスは、両親の金銭的負担なしで、幼い子供たちを対象とした保育サービスを提供すべきだ。賃貸への投資補助は、社会住宅を対象とした補助金に置きかえるべきだ。

比例税は貧困層には負担が重すぎるので、軽減すべきだ。付加価値税は、集団的交通サービスを対象外とし、最高税率を引き下げて軽減すべきだ。

この30年間に、遺産がもたらす不平等は著しく拡大した。したがって、相続税や贈与税に対する課税を増額すべきだ。この増額がもたらす税収によって、庶民層の子供の教育費を賄うことができる。企業における賃金の不平等の拡大は集団的労働に悪い影響を与える。法外な賃金に対する課税率75パーセントを恒常化し、給与が最低賃金の20倍に達した時点で同じ税率を適用し、「帽子付き年金」の受給者もこの税率の対象とすべきだ。

資本所得には、すべて課税すべきだ。所得税免除（株式貯蓄計画〔ＰＥＡ：株式の配当金に対する所得税免除〕や生命保険）に対する所得税免除、もっとも富裕な層に対する譲渡課税免除も廃止すべきだ。

### 地方税制を見なおす

フランスは地方税の占める比率が高い。時代遅れで、累進性が低いこの地方税は、国税よりも不平等が多い。豊かな地方では富裕層の税負担が少なく、貧しい地方では貧困層の税負担が重くなっている。

効率性だけでなく、社会的公平の観点からも、地方税が得するように所得税負担を下げた近年の流れを逆転させるべきだ。地方分権を進めれば地方自治体の支出が増え、不均衡がさらに拡大するリスクがある。

住民税を軽減し、所得税に追加される賦課金制度を設ける必要がある。こうして徴集された賦課金は、人口や就学期の児童、障碍者など、各地方が抱える必要に応じて分配すればよい。

**税金逃れや脱税と本気で戦う**

年間の脱税額は多額に上っている。欧州議会では、欧州連合内における脱税額を1兆ユーロと推計している。一方、フランスにおける脱税額は、2013年の財政赤字にほぼ匹敵する、600億〜800億ドルと推計されている。フランスは、アメリカ合衆国政府がやっているように、海外に居住する国民に対しても、フランス国税局に対して所得額と資産額を申告するよう義務づけ、フランスの法律で定められた税金と、実際に支払っている税金との差額を支払わせるべきだ。税金逃れと脱税の撲滅を強化しなければならない。フランスはタックスヘイブンの厳格なリストを作成し、自国の銀行や企業が、そうしたタックスヘイブンに支店を設置し、その利益を公言するのを禁止し、ヨーロッパの他国にもこのリストを提供すべきだ。欧州連合は各加盟国に対し、多国籍大企業に税負担最適化を許すあらゆるメカニズムを阻止するよう要請すべきだ。課税率の低い国々との双務課税合意を見なおす必要がある。

**企業に公共支出への融資を進め、公的援助の有効性を評価させる**

企業は、労働者の職業訓練や健康管理、質の高い公共インフラの利益を受けることで、公的活動から利益を得ている。企業がその資金に貢献するのは当然のことである。フランスは企業に対する課税を刷新する必要がある。具体的には、課税対象の範囲を広げ、（海外に送金され、フランスにおける課税を免れている）流出した利子と特許権料にも課税し、法外な金額の配当金の支払いを抑制し、莫大な利益を上げた企業にはとりわけ課税すべきだ。自由主義者は公共支出を精査すべきだと主張する。われわれもその点については同感である。現在、企業に対する補助金は膨大な額に上っており、（研究支出に対する税額控除や低賃金に対する広範な税免除）といった特定の措置は明らかに注視する必要がある。企業に対する補助を監査し、その有効性を検証するべきだ。同様に、ヨーロッパは金融取引に対して真剣に課税し、投機を抑制するべきだ。

より公正でより単純化された、こうした新しい税制の導入により、非課税によるパラサイト化した活動は禁止されるはずだ。さらにこの税制を導入すれば、無駄遣いされずに済んだ収入が徴収されて財政赤字の一部を解消し、不平等の是正にもつながる。税の累進性が復活すれば、企業は高額な配当金やひと握りの経営者に高額な「サラリー」を支払わなくなるだろう。こうした利益はたちまち課税の対象となるからだ。

これが、真の税制改革のあり方である！

**われわれの提言**

各家計は、収入の総額を基準に、支払能力に応じて税金を支払うべきだとする、フランス共和国の原則を再確認する。

企業や家計に対する税の累進性を高める。

大企業や富裕層の税負担最適化のメカニズムを体系的にすべて解体する。

有害な活動（環境破壊や投機など）に課税し、エネルギー節約を促す税優遇措置を確立する。

第9章

# 社会保障

## ——上機嫌で負担金を支払う

「社会保障制度は底なしの穴だ」「若者が支払う社会保障負担金は無駄金だ」……世の中にはこうした悲観的な言葉が氾濫している。こうした状況に、保険会社は嬉々として揉み手をしている。こうした言葉を聞けば、お金のある人々は保険会社を頼るようになるからだ。

　こうした破局主義に対しては、「よりよき社会の実現」で身を守るべきだ。今も昔も、よりよき社会を築いてきたのは、社会保障制度にほかならないからだ。20世紀に長足の進歩を遂げたこの制度は今後も成り立つだろうか？　自由放任主義者たちは「ノン」と答えるが、われわれは「ウイ」と答える。ただし「上機嫌で負担を支払う」▼[04]ことを受け入れなければならない。

**社会保障制度は（まだ）もちこたえる……だがセーフティ・ネットには穴が開いている**

フランスの社会保障支出は国内総生産の3分の1を占める。賃金労働者を対象とする社会保障制度の使命は、失業や病気にともなう経済的損失から賃金労働者を守ることにある。この制度のおかげで、年金生活者は公的年金を利用し、現役時代、その収入で維持していた水準に近い生活を営むことができる。この社会保障制度は、普遍的に給付金を支払うことで成り立つ。疾病保険は、それぞれに医療費を還付する。家族手当の役割は、子供のいる家庭が、子供のいない家庭とほぼ同水準の生活を維持できるようにすることにある。家族手当は乳幼児の養育費の一部として支給される。こうして、給付金が、貧困家庭に最低所得を保証している。

社会保障のおかげで、人々の福利厚生は維持される。とりわけ高齢の年金生活者をはじめとする人々の生活は、社会保障制度によって大幅に改善された。フランス人々は全員が社会保障の対象になっている。社会保障は資金を再分配する方式で成り立っている。つまり、各種給付金は社会の要請によって決まり、社会保障の負担金は収入

▼04 『ル・モンド』紙、2003年5月9日号掲載のジャン＝ポール・ピリウの言葉。

の額によって決まる。この再分配制度は、富裕層と貧困層とのあいだの「垂直的」なものと同時に、子供のいない家族と子供のいる家族、現役世代と年金生活者、賃金労働者と失業者とのあいだの「水平的」なものでもある……。

これに対し、民間の保険会社が提供する保険は、リスクの種類に応じて、加盟者に負担を求めることになる。子だくさんの家庭や高齢者、病気を抱える人々は、安心に生活できるよう、より多くの保険料を支払わなければならなくなる。なかには、民間の保険会社が提供する保険では補償がきかないリスクもある。民間の保険会社の保険は、大規模なショックや非常事態に対応できないのである。たとえば大量の失業が長期間続いた場合、民間の保険会社は現役世代全体の所得を補償できない。また、将来の賃金を指標にした水準の年金を保証することもできない。なぜなら民間の保険会社が支払う年金は、そのときどきの金融市場の効率や平均寿命の変化に左右されるからである。民間の保険は保険料が高い。各保険会社が競争するため、経費が巨額に膨らむからだ（アメリカ合衆国の医療保険会社の場合で経費の30パーセントから40パーセント、フランスの社会保障の場合は5パーセント未満）。

公的な社会保障は経済効率の源泉である。社会保障が各家計の収入を大幅に補い、充分な職業訓練を受けた健康な労働者を各企業に提供するからだ。それでも社会保障にはまだ改善すべき余地がある。このセーフティ・ネットにはいくつもの穴があるからだ。特に若者として貧困層は、とりわけ社会保障によってきちんと保護されていない。片親だけの家族の35パーセントは貧困層に転落する瀬戸際にある。失業者や貧困層に対し、社会が支払っている金額は微々たるものだ（たとえば活動的連帯所得手当「RSA」は、フランスの国内総生産の1パーセントにも満たない）。しかもこの30年間、実施されてきた政策は、ただひたすら、順調に機能してきた制度を解体し、財政を弱体化して、自らが招いた「社会保障の穴」を埋める口実のもと、社会保障給付をよりいっそう減らしてきた。

**深刻な縮小**

新自由主義は、3つの理由から、社会保障が担う領域を縮小させようとしている。

第1の理由は、自由主義的思考が、社会保障が所得の不平等を減らすことで労働意欲を奪うという不信感を抱いていることにある。したがって、欧州委員会が望む「社会保障の近代化」は、失業給付金と最低限の社会保障による「雇用の活性化」と、年金制度改革による年金の支給開始年齢の延期を求めている。責任転嫁と雇用の活性化のもと、失業者や病人、シングルマザーに支払われる給付金を減額しようというのだ。ここに、労働意欲ではなく、雇用が不足している大量失業の時期に、失業給付金を減額せよと主張する、新自由主義の狡猾さとシニズムがある。

第2の理由は、社会保障負担金に対する雇用主の不満から生じたものだ。社会保障負担金は労働コストを著しく高め、雇用の創出を阻む元凶だと批判されているのである。こうした批判は、社会保障負担金が一種の間接賃金であることを忘れている。「社会の重荷」という悪名で呼ばれる社会保障負担金は、社会保障制度を支える財源なのである。したがって社会保険料を減額すれば、必然的に各家計の生活水準は下がる。それは賃労働者を、保護なき状態にすることであり、保護の権利のためにさらに支払うことを押しつけるものである。

最後に第3の理由は、社会保障がもっとも収益的部分、大企業の医療保険、年金といった部分を獲得したい民間保険会社の強欲さを煽るという主張だ。こうした私的な保険会社は、年金生活者や病人、不安定な仕事に就いている労働者の面倒をみる必要がないので、大企業の従業員に格安の保険料を提供できることになる。こうして多額の資金を手にした保険会社は、手数料を受け取りながら、保険料を好きなように投資に振り向けられる。

### 社会保険料の輝かしい未来

もちろん、子供たちには満足のいく生活水準を保証してやらなければならない。そのためには、家族手当や一般的な手当、貧困家庭を対象とする特別給付金が欠かせない。また、乳幼児の保育や課外活動などの公共サービスも無料化する必要がある。

もちろん、失業者が大量に発生した場合には、失業者の境遇や失業期間を考慮して、失業給付金の支給期間を長くする必要がある。失業は、若者や失業者に働く意欲がないから発生するのではなく、マクロ経済の不均衡によって発生するのである。

もちろん、社会保障の最低額は増額すべきであり、その金額は平均賃金の推移を基準にすべきである。使用していない人々の3分の2が外れている活動的連帯所得手当（RSA）は、見なおしが必要だ。労働に報い、報酬を支払うのは法定最低賃金の役割である（雇用に対する報奨金であり、賃労働者の社会保険免除である活動的連帯所得手当の役割ではない）。また、子供がいるのに両親が失業している場合、不安定な職に就いている貧困家庭は支援する必要がある。

もちろん、年金生活者に現役世代と大差のない生活を保証する公的年金制度は維持し、要介護者も保護の対象とする公的制度でそれを補完する必要がある。慎ましく暮らし、明日のエコロジーを守る未来社会では、もはや、何をおいても最大化する商品生産が求められるわけではない。40年間、年金保険料を支払えば、完全な割合で年金が支給されるべきだし、きつい労働の1年は15か月と計算されるべきだろう。もっと長期間働きたい人々は働いてもよいが、年金の増額を受ける権利は与えられない。

もちろん、医療皆保険は復活させるべきだ。必要な手当は全額還付されるべきだし、厳格な管理によって、あらゆる節約が追及されるべきであり、自由主義の浸透が招いたコスト増の削減を目指すべきだ。こうした施策を実行するには、医療従事者の収入を制限して、超過料金を抑制し、研究所や病院に資本主義の原理が侵入するのを防ぎ、薬品の費用対効果を監視すべきだ。こうした予防措置はシステマティックに再構築できる。医療の自由な実践への選択は、とりわけ市や民間の無料診療所のなかで発展させることができるだろう。

自由主義者たちはずっと、社会保障は「成り立たない」と訴えてきた。だが歴史をふり返れば、彼らの主張が誤りだったことは明らかだ。社会の進歩と、その中心にある社会保障の発達により、この100年間で平均寿命は大幅に伸びた（1913年に50・5歳だった平均寿命は、2013年には81・8歳に達している）。少なくとも社会が手段を講じるかぎり、昔の真理は明日も真理でありつづける。

**財源はどうあるべきか**

企業が社会保障維持のための社会保障負担金を支払うのは当然のことだ。社会保障があるから、企業は労働者を利用できるのだし、労働者は（家族手当のおかげもあって）世代交代ができ、（健康保険のおかげで）健康を維持できるからだ。企業は社会保障負担金を支払うことで、自らが雇用する賃労働者が健康に働けるよう貢献している。この社会保障負担金を減額することは、結局、企業から責任を免除することだ。公的制度は、企業にとって有用なリスクの共有化を保証しているのである。公的制度のおかげで、各企業はアメリカ合衆国やイギリスの一部の企業を弱体化させた、年金負担額に占める年金支給額の比率の増大というリスクを免れている。現在、賃労働者を解雇し、他の企業よりも株主への配当金を増やして、賃金を減らしている企業のほうが、社会保障のための財源負担が軽減されているのが実情だ。（企業の付加価値全体も含め、株式の配当のかたちで分配される利潤も適用範囲とする）社会保障負担金の負担適用範囲を拡大すれば、各企業に対し、より公平に負担金を払わせることができるはずだ。

社会保障給付金が賃金に基づいて決定されるのは当然のことだ。失業者、家族、年金生活者は、賃労働者と同様に成長の恩恵を受けるべきなのだ。あらゆる賃金や資本所得が、社会保障給付金の財源となるのは当然のことだ。近年、社会保障負担金を免れる「社会的ニッチ」は減ってきているが、死や贈与による資産の増額分などに対する負担金免除は今も認められている。安い賃金を支払っている雇用者に対する社会保障負担免除は、社会保障の財源を弱体化している。さらに今では国家は、雇用者に対し、家族手当負担金の免除を約束している。賃金を充分に引き上げ、賃金労働者が社会保障負担を維持できるようにすべきだ。雇用者に対する社会保障負担金免除は、補助金とみなし、企業はこの補助金を雇用や賃労働者、職業訓練のために効果的に使うようにすべきだ。

人口の高齢化にともない、需要は増大する傾向にあり、今後は社会保障負担金（もしくは分担金）の増額が必要になる。この負担金の増額が社会保障負担の保証、連帯、質の代償となれば、それだけよりよく受け入れられるだろう。もちろん、若者には、彼らの支払う社会保障負担金が無駄金ではないこと、将来にわたって医療サービスや公的年金を受ける権利が彼らにもあること、運よく職にありついて今のうちに社会保障負担金を支払っておけば、保険会社に支払う保険料よりも確実に安くつくことを伝えるべきだ。

**われわれの提言**

社会保障負担金を上げる分、充分な金額の給付金の質と水準を保証する。社会保障の財源に影響する付加価値の部分は、つねに拡大されつづけなければならない。

社会保障給付金の増大は賃金の増大にスライドさせ、この増大の「対象外」とされた給付金の金額を引き上げる。最低限の社会保障を引き上げ、失業保険の給付範囲を拡大する。

ヨーロッパ域内で緊密に協議して、ヨーロッパ型の社会モデルの維持・発展を欧州連合の最優先課題とし、社会を維持する規範を、経済を維持する規範と同様に重視する。

第10章

# 別のことを考える指標を

われわれの社会は、今、大きな曲がり角にさしかかっている。危機に瀕した社会とエコロジーが生産と消費のモデルの見なおしを迫っている。この危機によってわれわれは、富の本質を見なおすことを求められている。経済活動の目的と優先順位を根底から見なおす必要がある。経済政策を転換するということは、われわれのさまざまな活動に沿った富や価値を記帳するこれまでの方法を変えることを意味している。そのためには、新しい指標を用意しなければならない。

現実をどう捉えるかは、現実そのものに影響を及ぼす。現実の捉え方が、個人の豊かさや集団の豊かさに対するわれわれの考え方をつくり、想像物が生まれる。資本蓄積に内在する、生産主義と消費主義の申し子である現在の想像物は、社会がもっとも必要とするものを、市場に委ねるのではなく、民主主義によって定めることで、解体されることが必要である。無駄な消費を抑え、最低限必要なサービスに無料でアクセスできるようにし、エコロジー的バランスを重視することが、豊かさの要件であるにもかかわらず、現在われわれが用いている指標では、こうした目標の達成度を測れない。

国内総生産（GDP）は、人間の活動の一面を測るものでしかないが、だからといって無価値なものではなく、すぐれた側面ももっている。だがもはや、国内総生産はわれわれの経済の進路を示す道標とはなりえない。想像物を変えるには、社会や環境を捉える別の指標を用いなければならない。同様に、社会的移行やエコロジー的移行の実現を望むのであれば、企業の会計方法も見なおす必要がある。

## 国内総生産（GDP）は有益だが、万能ではない

国内総生産は有益な指標だが、あらゆる経済指標の例にもれず、万能ではない。国内総生産を見れば、どのような需要（消費、投資、貿易収支）に基づいて、誰が付加価値を生んでいるかが分かる（金融機関以外の会社、公的行政、個人起業家、家計）。国内総生産は

単に商品の生産高を集計するのではなく、行政機関が生む非商品的生産高も集計する。国内総生産に着目すれば、利潤に対する賃金の比率を測り、その時系列的推移を辿り、社会保障給付金をはじめとする公共支出や税の本質や意義を理解できる。

だが国内総生産では、ボランティア活動や家事労働の生産性を数値化できないが、これは幸運なことだ。しかし、すべてを貨幣化しないということ、すべてを商品化しないということ（慈善活動）、家庭における女性の労働を維持しないということ、こうした危険を冒すことは、かえって幸福である。家事労働を国内総生産に計上するとなると、家事労働が家計の収入を増やす「見えない収入」を生んでいると考えざるをえない。そうなれば、実収入をともなう仕事を女性になぜ求めるのか？　ということになる。

あらゆる統計指標の例にもれず、国内総生産にも限界がある。おそらくその最大のものは、エコロジーに関わる懸念を把握できないことだ。したがって、環境被害を償うことで発生した生産活動——たとえば、大気汚染が引き起こした呼吸器疾患の治療に使われた医療費——は国内総生産を増加させる。国民の会計担当者が、国民総生産の役割は、貨幣価値で示される生産活動を集計することにあるがゆえに、この医療費をこのように処理するのも当然のことだ。だがこのことは、生産と投資を見なおすためには、別の指標を同時に用いることがいかに重要であるかをよく物語っている。

そうなると、国内総生産の年成長率は、もはや経済政策の目標とみなすことはできない。生産の本質や、社会やエコロジーのバランス維持はより精確に評価され、新しい生活や生産、消費のあり方を目指す社会の岐路に必要な道標や指標にならなければならない。

ただ残念ながら、公の場の議論や経済政策の立案の場で、国内総生産の代替をつくるために、さまざまな社会的要請（収入や社会的地位、教育、医療、生活の水準と質、労働条件、などの平等化）やエコロジーの養成（温室効果ガスの抑制や生物多様性の維持、さまざまな環境汚染の抑制）を同時に含む単一の指標を示すことはできない。こうした統一的指標は、つくってみても部分的で、恣意的なものになろう。

ではこうしたさまざまな養成にどうすれば答えることができるのだろう？

何をなすべきなのだろう？

社会やエコロジーの指標はすでに存在しており、ここ数年で、その精度は格段に向上している。こうした指標の精度をさらに向上させることが望ましい。とりわけ、社会全体が現状を正しく把握し、将来世代が受け取る重要性にわれわれが同意すべく、高貴な政治的決断を下すべきだ（われわれがこの決断を下したことに、将来世代は感謝するはずだ）。なぜなら、将来世代を尊重しないことが、われわれの社会の弱点だからだ。これは、政治の決定権をもつ人々（国際機関、政府、地方の行政官）だけでなく、統計の作成機関（こうした機関は優先順位を見なおす必要がある）、さらに（企業、労働組合、アソシアシオン）など、社会的活動を行なうものがまず取り組むべき課題だ。

**社会の状態を示す指標**

社会の状態を示す指標は、すでに入手できるが、その精度を大幅に高める必要がある。国内総生産の向上を確かめることも重要だが、より重要なのは、国内総生産の向上が不平等の拡大をともなっていないか、成長の恩恵に与っているのが特定の人間だけに偏っていないかどうかを知ることだ。

国際レベルの指標としては、すでに国連開発計画（UNDP）が作成した、所得とは別に、平均寿命、教育を統合した人間開発指数（HDI〔平均余命、教育、所得指数で計算される〕）のように多くの指数がある。さらに人間開発指数を補完するには、不平等調整済み人間開発指数（ＩＨＤＩ〔人間開発指数に目的の不平等を考慮して計算される〕）がある。

国レベルでも、やはり数多くの指標があるが、精度を改善する余地がある。熟練労働者と非熟練労働者、男性と女性、産業分野ごと、地方ごとの賃金の不平等も把握する必要がある。同様に、教育や文化、医療、住居のサービスを受ける機会の不平等や、平均寿命の不平等も重視する必要がある。

われわれは、所得の不平等を織り込んだ指標を4半期ごとに発表し、この指標を基に社会政策や経済政策の有効性を判断することを提案する。この方法により、付加価値税の増額や賃金スライド制を外した社会保障給付削減を財源とする減税政策が、不平等を拡大していることが明らかになるはずだ。

さらにわれわれは、いくつかの主要指標に基づいて、不平等縮小の精確な目標を定めることを提案する。この主要指標の内訳としては、貧困率、児童の貧困率、男女間の賃金の平等、社会専門家カテゴリー（ＣＳＰ）に基づく平均寿命の平等、両親の社会専門家カテゴリーに基づく大学入学資格《バカロレア》や高等教育卒業資格の取得率の平等が挙げられる。

## エコロジー指標

資本主義は、本質的に、数量的ロジックの支配下にある。この数量的ロジックは、国内総生産（より精確には、商品の生産による国内総生産である。公共サービスは、嫌悪される）をつねに増加させ、かぎりなく富を蓄積することを求める。これに対し、エコロジーは、質的なもの、すなわち生活や環境の質を重視する。このことは、ある生産はすぐに意味を失い、ある種の商品（エネルギー節約型の建築物や集団的交通、健全な農業）の生産は奨励されることを意味する。

環境被害は、今や危惧すべき状態に至っている。公共政策も、大企業の戦略も、充分に環境保護に配慮していないからである。したがって、新しい指標を立案し、既存の指標の精度を高めて、人類の活動によって発生する二酸化炭素排出量をより精確に把握し、それが世界や地方的レベルでエコロジーに及ぼす一般的影響や、大気や水の質に及ぼす影響をよりよく知ることが望ましい。さらに、（とりわけ漁業資源や鉱物資源）をはじめ、再生不可能な資源の変化と分布を把握することも重要だ。

有益な指標はすでに存在している。環境・エネルギー管理庁（Ademe）が発表している二酸化炭素排出量の報告書はその一例だ。同様に、地方でも期待される経験が実現されている。その経験の具体例としては、ノール＝パ＝ド＝カレ州議会に所属するグループによる、持続可能開発指数〔2003年から国内総生産に対抗して発表。環境と持続性を考慮して計算される〕作成の取り組みや、州の経済・社会・環境審議会（Ceser）総会が取り組んでいる作業が挙げられる。こうした取り組みは、開発事業をより持続可能で、より環境に配慮したものにできる具体的可能性を示している。

したがって、われわれは、「温室効果ガス」排出量の報告書（輸入品の生産により発生した被害評価も含む）や、生物多様性の現状、大気と水の質、再生不可能な資源の枯渇を招いたフランスの責任の度合いなどについて、精確な目標を定めることを提案する。

**企業会計を見なおす**

エコロジーや社会の現状を示す経済指数の精度を上げ、完璧なものにすることが必要である。さらにまだ重要なのが、こうした指数を有効に使いこなすことだ。同時に企業が、なんら現状を変更せず、依然として従来どおり会計を処理し、事業を展開するなら、こうした指数にどんな意味があるだろう?

長期的に持続可能や生活や生産、消費のあり方に進むには、企業の役割の変革が欠かせない。

現在、企業の社会・環境に対する責任（いわゆるCSR〔Corporate Social Responsibility〕）というテーマが注目を浴びていることは、世論が変化していることを物語っている。だが、CSRへの対応を企業のみに任せてしまったために、CSRは企業行動の変革を促す可能性のない、それどころか社会や環境を損なう企業行動（投機的と「ラベル付けされた」金融商品の販売）を支持し、正当化する、「うわべの取り繕い」に化している。

企業行動を変革することは、社会とエコロジーにとって至上命題だ。そのためには、企業の会計方式も根底から見なおす必要がある。

現在の企業会計は、利潤の最大化を目指している。新自由主義的な考え方とあいまって、こうした性向はいっそう強まってきた。企業会計の新基準は、企業のもつ資産を「正当な価値」とみなされた「市場価格」に従って評価している。しかし「市場価格」は金融市場に対する投機家の思惑で変化し、決定される。

この企業会計の新基準は、資金運用の投機的傾向や、株価の値上がりだけを期待する傾向を強め、株式の買い戻し（企業が自社株を買い戻し、株価と株式の収益率を吊り上げて、株主を満足させる）という、きわめて有害な商行為に走らせることになった。

すべてを根底から見なおす必要がある。

・企業の有形資産や無形資産を株価の動きから切り離す必要がある。

・もはや、企業経営の基準を、短期的利潤の最大化の追求のみに置くことはできない。投資の意義や投資先の内容、投資が雇用の数と質に及ぼす影響、投資が人々の要請に答えているかどうか、などを重視した経営基準を確立すべきだ。

・企業が環境被害を「外部要因化」するのを防ぐため、環境被害を企業会計に織り込む必要がある。企業の資産や負債を計算するにあたり、エコロジーに及ぼす影響を項目として取り入れる必要がある。具体的には、エネルギー消費や原材料の調達、温室効果ガス、製品の輸送が社会に及ぼすコストの推移予測やエコロジー税の推移予測を企業会計に取り入れるべきだ。

**われわれの提言**

国内総生産とは別に、所得の不平等や社会の豊かさを表わす指標や、エコロジーの状態を示す指標を定期的に発表する。

国内総生産の成長率だけでなく、社会やエコロジーの現状を示す指標を使って公共政策を進める。

企業に経営基準を見なおさせ、雇用の質やエコロジーに及ぼす影響の指標を公表することを義務づける。

第11章

# 公的債務を罪悪視するのをやめよう

公的債務は人々を罰するための口実として用いられている。いわく「公的債務は子供たちの世代の重荷となるだろう」、いわく「公的債務のおかげで私たちは身動きがとれず、所得税収入が丸のみされる」。これでは公的債務を下げる唯一の方法は、公的支出を削るしかなくなってしまう。

**公的債務そのものは悪ではない**

公的債務はフランスに固有の問題ではない。2013年末のフランスの国内総生産に占める公的債務の比率は93・5パーセントと、ユーロ圏諸国では中程度の規模で、アメリカ合衆国（104・5パーセント）や日本（244パーセント）に比べれば、まだ低い。自由主義者たちは、公的債務の1人あたりの金額が2万9000ユーロで、子供が

1人生まれるたびに、これだけの負債が引き継がれることになると騒いでいる。だがこの主張は、「総額」で計算された公的債務に、官公庁の所有する金融資産（たとえば企業の株式）や実物資産（建物や道路）が含まれていないことを忘れている。こうした資産を含めると、収支残高（官公庁が所有する資産の「純価値」）は黒字になる。2012年度末の時点で3260億ユーロ、すなわち1人当たり約5000ユーロである。私たちが子供の世代に残すのは負債ではなく、公的財産（しかもこの財産には教育や健康など「貨幣では表示できない」財産は含まれていない）なのだ。

国家の機能は、家計とは異なる。国家は税収の水準を確定することで、歳入の水準を決めている。家計は負債を返済しなければならないが、不死である国家は、大企業がしているように、負債をいつまでも更新できる。公的債務全額の返済を次の世代が突然、迫られるということはない。ただ国家は、財政赤字が手の施しようがない規模まで膨らむことのないよう（財政赤字が経済のバランス維持に貢献するよう）監視し、財政赤字を維持可能なレベルに留め、預金が戻ってこないという不安を預金者から払拭しなければならない。

（大半の先進工業国同様、）フランスでは、公的債務の額が民間部門の債務の額（家計と企業を合わせ、国内総生産の115パーセント）を下回っている。自由主義者たちは、民間部門が債務を抱えていることを当然のこととみなしている。企業は債務のおかげで富を創出できるからだ。だが官公庁の抱える債務も富を創出しているのである（公共支出を論じた第7章を参照のこと）。したがって、公的債務そのものは悪ではない。公的債務も、経済活動の維持や、未来に向けた投資に貢献しているのだ。

何年にもわたって利用される公共部門での投資を、公的債務でファイナンスするのは当然のことだ。そもそも、それが公共財政の「鉄則」である。景気が安定している場合、フランスの財政赤字は国内総生産の2・5パーセント程度が妥当である。国家は、自らの財政状態ばかり気にするのではなく、マクロ経済のバランスにも配慮しなければならない。景気が後退した場合、将来への不安から家計が過剰に貯蓄したり、失業率の増加で生活水準が低下したため消費を控えたり、需要の落ち込みで企業が投資を控えた場合は、公的債務の額を「鉄則」とされる額よりも増やすべきである。

では、公的債務こそは最善中の最善の手段なのだろうか？　残念ながらそうではない。公的債務は自由主義の抱える病なのだ。

**新自由主義の抱える病としての公的債務**

2007年に始まった危機は公的債務を極端に悪化させた。銀行を支援し、景気の活性化策を打ち出し、何よりも、税収の落ち込みを計上しなければならなかった。だが公的債務はすでにそれ以前から増えつづけていた。たとえばフランスでは、1979年に国内総生産の21パーセントにすぎなかった公的債務は、2006年には64パーセントになっていた。

こうした事態を招いた主な要因は4つある。

**金利の影響**　1980年代以降、先進国では、経済政策の変化にともない、実質金利（金利からインフレ率を差し引いたもの）が先進国で大幅に上昇し、インフレが鎮静化し、成長が鈍化した。1997年まで、金利は成長率をはるかに上回っていた。そのため、公的債務は雪だるま式に膨らんだ。この高金利は需要も冷え込ませ、国家は巨額の赤字を維持するほかなくなった。

**金融化**　フランスでは、経営者の団体がパリを金融の中心地にしようとした。幸いにも、彼らの目論見は完全には達成されなかった。われわれは「旧式」と蔑称されるものの、結局は幸福なシステムを残すことができた。すなわち、それは年金基金ではなく、所得再分配に基づく年金制度であり、サブプライムローンではなく、低家賃住宅の存在である。それでも、経営者の計画には、公的債務の金融商品化も含まれていた。こうして国家は、国際金融市場と格付け会社に支配された。この政策により、フランスが発行する公債の購入先は国際化され、公債の半分以上をフランス国外の人々が所有するようになった。貯蓄が豊富にあり、(もっとも安全な資産としての)公債の人気が高まれば、金利は低下する(2008年以降、ほとんどの国で、金利は低い水準にある)。だが、市場に任せきりにすれば、金利はまた危険な水準まで高騰する可能性がある。

**税収の影響**　税収は、もっとも富める層やもっとも大企業向けの減税措置、減税競争、税金逃れ、税金の最適化などにより減少した。富裕層は一石二鳥の恩恵に浴した。富裕層は支払う税金を減らして財政赤字を拡大させ、利子を受け取ることでこの赤字に融資したのである。

**国内総生産の影響**　緊縮策によって景気が停滞し、これがさらなる税収の減少を招いた。景気が停滞すれば、付加価値税や所得税、法人税、社会保障負担金も減少する。公的支出の削減で得をした気になるが、その一方で、税収の落ち込みでその分、損をしていることになる。国内総生産はより直接的な影響も及ぼす。国内総生産が減少すれば、国内総生産に占める債務の比率は自然と上昇するのである。

**公的支出の削減は、債務の増大という好ましくない事態をもたらす**

自由主義者たちはよくある国の例（たとえば1990年代のカナダやスカンジナビア諸国）を持ち出して、公共支出を削減すれば、同時に公的債務も削減できるはずだと主張する。だがこうした国々は、いずれも経済規模が比較的小さいので、他国の成長の恩恵に浴し、さらに自国通貨を切り下げることによって、こうした「偉業」を達成できたのである。

小規模な国々が単独で何かを成し遂げても、その成功はそれ以外の地域には広がらない。過去4年間の経緯は、残念ながらこの真理を証明している。2010年以降、債務削減の名のもと、欧州連合は加盟各国に一律に緊縮策を迫ることを選んだ。緊縮策はとりわけギリシャを直撃したが、ポルトガルやスペインもその影響を被った。この選択が招いた惨状は痛ましいかぎりだ。公的債務は減少するどころか、こうした国々に壊滅的被害を及ぼした。2010年末から2013年末にかけて、公的債務はポルトガルで35ポイント上昇し（国内総生産の94パーセントから129パーセント）、スペインで32ポイント（62パーセントから94パーセント）、ギリシャで27ポイント（国内総生産が40パーセント減少したにもかかわらず、148パーセントから175パーセント）上昇した。一方、ヨーロッパ各国の公的債務は平均で9ポイント（86パーセントから95パーセント）の上昇であった。

フランスでも緊縮策が実施されたが、事態はさほど深刻ではない。国内総生産は縮小していないからだ。それでもこの結果は輝かしいものではない。会計検査院は、その報告書のなかで何度も、成長が当初の予測を最終的に下回り、税収もまたそうで、財政赤字がほとんど減らず、公的債務が依然として増えていることを嘆いている。ここから会計監査院は毎回、公共支出を大幅に削減すべきだという、同じ結論を引き出している。だが成長は低いのだろう。ドグマティックな自由主義の殿堂と化した会計監査院はこの点に疑問を投げかけていない。だがこの答えはごく単純だ。会計監査院が推奨する当の緊縮策が成長を阻んでいるのである。

２０１３年以降、国際通貨基金（ＩＭＦ）はごく初歩的なケインズ主義の教訓、「国家予算による乗数効果は、当初の見込みよりはるかに大きい」ということをあらためて学んだ。公共支出を削減した全ユーロは、その活動を１ユーロ以上純粋に減少させたのである。今こそ、この4年間にヨーロッパが学んだ教訓を引き出すべきだ。とりわけ周知の危機の状況のなかでは、公共支出を削減しても公的債務を下げることにならないのだ。国家は景気が回復しないかぎり、経済活動を支えつづけなければならない。

したがって、重要なのは2種類の赤字を峻別することだ。ひとつめは拡大主義の赤字。必要であれば、財政赤字に踏み切ることによって景気が回復し、最終的には税収の増加がもたらされる（国家は「支払った分を取り戻せる」）。２つめは縮小主義の赤字。景気を冷やす財政緊縮策は、税収の落ち込みによって赤字を拡大する。

### どうやって公的債務を減らすか？

ギリシャはもちろん、いくつかの国々では債務が維持不可能になった。公的債務は組みなおしが必要だ。その場合、民間の債権者と政府とが取り交わした合意は、合意の廃棄に乗じた債権者によって警告を受けた外国の裁判所も再検討することはできない。

公的債務の組みなおしは、ときには必要だが、公的債務の再構築は慎重に行なわねばならない。公的債務は有益なのである。公債を好条件で起債するには、国家は約束を守り、中央銀行は公債の額面を保証し、必要であれば買い取るべきだ。２０１３年、フランス官公庁は４５５億ユーロの金利を支払ったが、公債の起債によって賄った赤字は８９０億ユーロに上った。フランスがこの起債を諦めていれば、４３５億ユーロ切り詰めねばならなかったはずである。

では公的債務はどのように減らせばよいのだろう？　この２００年間の歴史が証明しているように、公的債務は緊縮策によって減らすことはできない。緊縮策はつまるところ、景気の停滞とデフレ（物価全般の下落）を引き起こし、これが鈍化した、そして緊縮財政によってさらに鈍化した成長による実質金利の上昇をもたらす。

２００９年、アメリカ合衆国は財政赤字を国内総生産の12・8パーセントまで引き上げた。２０１２年、財政赤字はまだ9・3パーセントの水準であった。アメリカ合衆国は窮地を脱したわけではない。成長が回復すれば、財政赤字は徐々に減っていくものなのだ。

第2次世界大戦が勃発すると、公的債務は膨大な額に膨れあがったが（国により異なるが、１２０パーセントから３００パーセントのあいだ）、その後、徐々に減っていった（１９７３年には20パーセントから30パーセントのあいだになった）。新自由主義が断ち切った好循環に戻さなければならない。

### われわれの提言

緊縮策と決別し、景気を回復させる。

物価上昇により、公的債務を減少させる。欧州中央銀行はインフレ・ターゲットを2パーセントに引き上げるべきだ。このインフレ・ターゲットの達成以上に、完全雇用の達成を目指すべきだ

金融市場から、金利を確定する力を取り上げる。欧州中央銀行は各国の公的債務を

保証し、長期金利を成長率以下に維持するべきだ。
公共財政回路を駆使して、公的債務を金融市場から引き揚げ、あらためて国有化する。

第12章

# 金融を手なずける

30年前から何度も経済を混乱させてきた金融危機について、金融市場は重い責任を負っている。1970年代以降、積み重ねられてきた規制緩和により、金融機関と金融市場は大きな発展を遂げた。金融市場は収益を上げる巨額の資本を創造し、集積し、企業に対して法外な収益性を要求し、民間部門と公共部門の負債増大を招き、何度も金融バブルや不動産バブルをつくりだしてきた。この事実は2007年の危機で明らかになった。金融市場は貪欲で、不安定で、がむしゃらなのだ。ある日、バブルがはじけると、約束されていたはずの利益はもたらされず、この崩壊によって現実の経済は枯渇する。銀行は貸出を停止し、企業はもう借入ができず、家計は破綻する。国家は企業や家計を救済せざるをえなくなる。そのことが公共財政を不安定にし、口実として緊縮策という治療が持ち出される。

金融市場は経済の不安定化の主要因であるばかりか、経済や社会、環境が必要とする資金を提供できなくなっている。現在、欧州連合は、景気が停滞して失業が増大する一方で、金融取引量は純増するという、受け入れがたい矛盾に直面している。欧州中央銀行は、ゼロに近い金利で各銀行に巨額の資金を貸し付けてきた。だが、2009年の初頭以降、ユーロ圏全体では、景気回復に不可欠の、企業に対する銀行信用はユーロ通貨圏全体で大幅に減少している。

**金融機関の有害化**

この30年間、銀行は、与信や信用貸付、預金の運用など、従来型の金融業務ではあまり利益が上がらなくなり、市場の動向に基づいてより高い収益性を求めなければならないという考えに執着してきた。トレーダーが与信の専門家にとって代わった。銀行はもはや従来の顧客への信用貸付を拡大するのではなく、金融市場での取引(株式投資や金融エンジニアリング)に活動の軸足を移し、投機的な商品や市場に向かった。これが「ユニバーサルバンク(商業貸付だけでなく、証券業務や信託業務も兼営する銀行)」のモデルである。銀行は証券化業務を手がけるようになり、債権を証券化して販売し、貸付リスクをヘッジファンドなどノンバンク系の金融業者に移転できるようになった。こうして銀行は、リスク管理という、これまで担ってきた主要な機能を、規制の少ない金融市場で活動する金融機関に委ねた。金融は従来型の銀行業務の息の根をとめた。2007年から2008年にかけて起きた危機は、この危険な選択がどれほど惨憺たる結果を招いたかを明らかにした。

ユニバーサルバンクはあまりに巨大で、取引先が広範にわたっているため、金融システムの安定性を脅かしている。金融システムが危機に陥った場合（ひとつの金融機関の破綻により、他の金融機関が連鎖的に破綻した場合）、国家は経営難に陥った銀行を救済する義務を負う。したがって、救済された銀行は国家による実質的な保証――債権者から見れば、実に安全確実な抵当――を得ることになる。こうした救済措置のおかげで、大手銀行は、機能を特化した中小の金融機関と取り決めた利率よりも安い金利で借り入れができるようになる。こうした国家による保証は公共財政にとって高いものにつく。この保証があるために、業務内容を多角化した銀行は高まる一方のリスクを取るようになりうる。金融危機が発生した場合、確実に救済してもらえる保証があるからだ。これによって、銀行業界の規模は他の産業分野に比べて過剰に拡大し、資金など、さまざまな資源を奪い取っている。

こうした変化は、「影の銀行」と呼ばれる、従来の金融機関と平行して発達した金融機関の台頭の原因となった。この「影の銀行」には、投資銀行やヘッジファンド、投資ファンド、年金ファンド、保険会社などが含まれる。規制当局の監視を受けない、こうした「影の銀行」は、国際的な金融危機の主要因となった。

### 健忘症にかかった金融機関と規制当局

論理的に考えれば、国際的な金融システムの破綻を招きかけたこうした影の銀行は業務停止を命じられてしかるべきだった。だが現実はまったくそうなっていない。2008年、金融危機がもたらした社会不安によってなりを潜めたあと、有害な金融業務はまたふたたび勢いを増した。こうして、有名なクレジット・デフォルト・スワップ（CDS）をはじめとするデリバティブ商品を駆使した金融業務が、2008年の証券会社リーマン・ブラザーズと保険会社AIGの破綻を引き起こした。2013年、こうした金融業務は金融危機以前の水準にまで勢いを取り戻し、世界総生産額の10倍にまで取引規模を拡大している。

金融業界のロビー団体からの圧力に屈して、欧州委員会の金融部門の管理責任者だったミシェル・バルニエは、フランス当局とともに、２０１４年３月、**サブプライムローン**問題が招いた金融危機の元凶である証券化業務の復活を支持することを決定した。この決定の表向きの目的は、よく規制されたし、「よい」証券化業務は存在するという考えのもと、危機に瀕したヨーロッパ経済の立てなおしのために融資することにあった。銀行は懇願もせずに証券化業務を再開したのである！　いちばん新しく考案されたのが「私募債《しぼさい》」と呼ばれる金融商品で、投資家はこの私募債を通じて、債権のポートフォリオを銀行から買い戻す。大手金融機関ソシエテ・ジェネラルはこの仕組みを利用して、中小企業向けの償還期限５年以上の債権の80パーセントを保険会社アクサに販売した。

**金融業界と銀行の変革**

新たな危機の到来を防ぐためには、金融業界のこの危険な漂流を終わらせなければならない。われわれの社会が直面している危険このうえないバクチに対処するには、銀行システムと金融システムの抜本的改革が必要だ。短期的には、不況から国を脱出させるために、生産的部門へ第1に資金が流れるようにすることが重要である。長期的には、〔エコロジカルな〕エネルギー変換の融資のために不可欠の資源を動員することが重要だ。ヨーロッパの各国の当局と行政当局が決定した改革は、金融業界による支配を問題にしておらず、問題の解決には役立たない。2013年、銀行に対する監督業務を強化しながら、ユニバーサルバンクの危険な役割を問題視しなかったヨーロッパ銀行同盟の決定がそれである。

銀行は経済に欠かせない存在だ。マクロ経済的な観点からすれば、純投資の発生には貨幣創造が必要であり、貨幣創出の機能を担えるのは銀行だけなのである。だが銀行は抜本的に改革する必要がある。

まず第1に、経済に資金を融資するリテールバンク業務〔個人や中小企業を対象とした小口金融業務〕と、投機的な金融市場に融資する投資銀行の業務とを、厳格に区別する必要がある。つまり銀行システムを再構築しなければならない。

一方で、公的な保証を受けて、企業や家計、地方自治体、国への融資を担う銀行がある。こうした銀行は、金融市場に投機的融資をしたり、投機家に貸し付けたり、「ジャンクな貸付」のような複雑な金融商品の販売を取り扱うことができない。その代わり、こうした銀行は、国債や地方債の購入を顧客に提案することができる。またこうした銀行は個人向け非課税の預金商品、安定経済発展通帳〔通称LDD預金（Livrets de Developpement Durable）〕を販売して、エコロジーの移行に融資することもできる。銀行によって、少額だが確定した利回りを保証する銀行もあれば、リスクをともなう産業分野への融資を望む預金者と手を組むこともできる。

とりわけエコロジーの移行の実現をともなう、長期的な融資を確保するためには、公営の銀行部門と金融部門が必要になる。過去の経験から明らかなように、ひたすら短期的な利益の確保を目指す民営の銀行にはこの役割を担えない。ヨーロッパ各国には公営の開発銀行が必要だ。こうした銀行なら、欧州中央銀行の管理下で自己資金を調達し、公営・私営を問わず、社会やエコロジーにとって有益な事業への投資に融資ができ、中小企業や中堅企業に自己資本やベンチャーキャピタルを融資できる。欧州投資銀行（BEI）のような実際の金融機関は、こうした役割を担えるように変革すべきだ。一般的な役に立つプロジェクトに融資できるようにするためには、銀行は株主の意向に沿うのではなく、民主的手続きによって経営されるべきだ。こうした要求を満たすことができるのは、まさに協同化した公営の銀行だけであり、しかもこうした銀行は、社会的に運営されねばならない。つまり、（公権力や雇用者そしてまた労働者の代表、とりわけエコロジストのアソシアシオン）といった利害関係団体の管理下に置かれていなければならない。これと平行して、エコロジー的、連帯的ファイナンス機関を設立する必要がある（「新しい《ラ》友愛《ネ》経済《フ》〔La Nouvelle Économie Fraternelle〕」▽09による「共同」与信はその最初の例である）。

一方、「影の銀行」のような商業銀行や投資銀行は、今後、もはや欧州中央銀行から融資や、国家による保証を受けられないようにして、納税者を保護し、法外なリスクを取ろうとする傾向に歯止めをかけるべきだ。リテール銀行、ひいては預金者の預金は、今後、投機的金融機関に融資できないようにすべきだ。そうすることで、こうした投機的金融機関は規模が縮小して、レバレッジ効果（低金利の銀行借入で高リスクの投資案件に資金を投入すること）を使えなくなる。金融市場を厳格に規制することで、当事者だけが恣意的に行なう、不透明で規制の及ばない金融取引は消滅していくはずだ。金融市場に対する規制強化は新しい金融商品に対しても必要であり、まずこうした金

▽09　1988年に創設された連帯金融協同組合。「連帯」と「エコロジー」をその理念の中心に据えている。

融商品の社会的有益性とリスクを検証すべきだ。

金融機関などの**ロビー団体**の圧力に屈することなく、投機的行為を抑制するには、2013年の欧州連合の指導要綱に述べられている規制を適用し、すべてのデリバティブ商品取引をはじめとする、金融取引全体に課税する体制を構築する必要がある。

銀行と金融機関に対する公的な信頼は、最終的に手なずけられた金融が、社会の役に立たなければ、回復しないだろう。

**われわれの提言**

リテール銀行と投資銀行とを厳密に区別する。

あらゆる新規の金融商品に対し、販売の認可を義務づける。金融取引全般に課税し、投機を抑制する。不透明で規制されておらず、当事者だけが恣意的に取引する金融市場をすべて閉鎖する。

政治権力が銀行を、民主的な手続きで規制できる体制を構築し、運営のあり方を見なおして、新しい利害関係者を組み入れる。

# 第13章
# 貨幣を経済のために使い、中央銀行を改革する

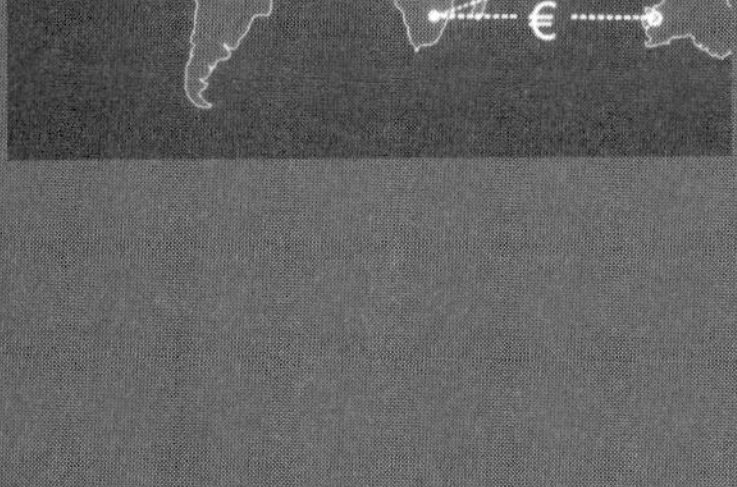

貨幣は、社会と経済においてきわめて重要な役割を占めている。貨幣は、社会がバランスを保ち、経済が機能するうえで欠かせない数々のメカニズムのなかで中心的存在だ。貨幣は単に経済道具ではなく、社会の真の制度である。したがって、貨幣の創造や、人々が貨幣に託す目的、貨幣を制御する制度や手法が、激論の的になっているのはなんら驚くべきことではない。

貨幣創造の主たる担い手は商業銀行だ。商業銀行はもっぱら、顧客に与信し、とくに公債といった有価証券を買い入れることで、貨幣を創出している。もちろん、この銀行の貨幣創造能力は無限ではなく、主に、銀行の銀行である中央銀行が発行する「中央銀行通貨」を手に入れる銀行の能力によって制限されている。この中央銀行は、公定歩合をはじめとするさまざまな手段を駆使して、各銀行の活動に影響を及ぼす。

各銀行は公定歩合に応じて中央銀行から資金を調達するので、公定歩合は、企業や家計に適用される信用の価格を左右する。

## 貨幣政策の目的と役割

貨幣政策の目的はどうあるべきか？　経済学者のあいだでは、この問題が議論の重要な論点になっている。マネタリスト〔市場機構に信頼を置き、貨幣増加率の固定化を主張する人々〕の考え方によれば、貨幣の創造は経済活動の水準には影響を及ぼさず、物価の水準だけを変動させる。だから中央銀行が担う目的は、物価の安定確保にあると、簡単に定義できる。これこそ、欧州連合基本条約と欧州中央銀行が目指したことにほかならない。

しかし、そもそも、貨幣創造を最終的に決定するのは、企業と家計の信用に対する需要である。ケインズの考え方によれば、信用の分配、さらに貨幣政策は、投資の水準と需要の水準に影響を及ぼす。中央銀行も、銀行ができるのは、この信用に対する需要を引き上げ、抑制することだけである。ただインフレ（あるいはデフレ）は、貨幣量が原因で生じるのではない。インフレの動向を左右するのは、生産コストや上昇であり、さらにそれ自身雇用の状況に影響を受ける、所得の再分配にともなう需要や闘争である。

こうした見解の相違は、貨幣政策、中央銀行、各一般銀行に託された目的について、きわめて重要な意味合いを含んでいる。

貨幣の創造は不可欠の機能だ。貨幣経済においては、生産は貨幣に対して充分な需要を満たしていることを保証しているわけではない。生産によって収入が発生しても、貯蓄に回される可能性もある。逆に言えば、生産がもたらす収入から需要が発生しないなら、信用によって需要を喚起できる。だから貨幣政策の役割のひとつには、需要と供給を調整するということである。需要と供給を調整するために、中央銀行は、つねに信用の提供条件を制御しなければならない。安易に信用を提供し、信用が過剰になると経済が過熱してインフレが発生し、金融や不動産のバブル現象が生じる（2007年の危機前の数年間がまさにそうした時期だった）。一方、信用が不足すると、失業や不況が生じる。だが貨幣政策がどんな状況でも、どんな問題でも解決できると考えるのは誤りだといってよい。2010年以降、ヨーロッパで確認されているとおり、中央銀行の指示で商業銀行が流動資金を獲得しやすくすること、そして公定歩合を引き下げることは、充分ではありえなくなっている。だからこそ、貨幣政策には財政政策との整合性が求められる。これが政策の効果を高める条件である。だから、政府の代表が経済目的を達成できるには、中央銀行は政府と政府代表の管理下に置かれるほうがよいのだ。2013年以降ヨーロッパを脅かしているデフレこそ、賃金や財政の緊縮策からの脱却を前提にするのだ。

また中央銀行は、従来から、伝統的に国家の銀行でもあった。国家は税や金融市場での借入、金融制度によって、支出に必要な資金を賄うことができる。必要であれば、国家は中央銀行から借り入れることもできる。国家が実際に借り入れなくても、この可能性によって、公債は安全な資産となり、その結果、もっとも低い金利で発行されるのだ。中央銀行がつねに資金を融資できるから、国家は破綻することがない。

### 中央銀行の役割の変質

1980年代以降、従来とはまったく異なる貨幣政策の考え方が台頭してきた。中央銀行は、政府から独立した中央銀行幹部、つまり人民に対して説明責任を負わない人々の手で運営されるべきだという規範が定着したのだ。中央銀行の独立性を保証するのは、銀行（たとえばゴールドマン・サックス）でのキャリアということになる。このように捉えられた中央銀行は、インフレとの闘い（とりわけ賃金のインフレとの闘い）を優先課題とするようになった。こうして、貨幣政策の遂行における金融業界の比重が大幅に増大した。

アメリカ合衆国の連邦準備理事会（ＦＲＢ）をはじめとする他の中央銀行とは異なり、欧州中央銀行は、雇用の創出に取り組まない。また欧州中央銀行は、為替レートの目標も定めていない。ユーロの価値は最終的に市場が決めるものと考えているからだ。さらに欧州中央銀行は、財やサービスの価格の推移には神経を尖らせるが、資産（金融資産や不動産資産など）の価格の不安定化には無頓着だ。だがこうした資産の価格の不安定化は、経済活動にきわめて有害な影響を及ぼす。しかも、欧州連合基本条約によれば、欧州中央銀行は公的債務も保証しない。このため欧州連合の加盟各国の借入金利は、金融市場に漂う不安感や気分に左右されている。

世界でもっとも独立性の高い中央銀行である欧州中央銀行は、加盟各国の政府にも欧州議会にも説明責任を負っていない。しかも加盟各国は欧州中央銀行の命令には従うほかない。欧州中央銀行の、この途方もなく強い権限は、正統派の経済理論が固守する、貨幣についての狭い見方から生まれたものだ。正統派の経済理論は、貨幣を市場での財やサービスの交換に用いられる道具にすぎないとみなし、その中立性は価格の安定によって保証されると考えている。欧州中央銀行の正当性が危機に瀕したのは、中央銀行が本質的にこうした欠点を抱えているからだ。

２００７年から２００８年にかけて金融危機が起きると、欧州中央銀行は惜しみなく資金を投じて、各銀行を支援した。欧州中央銀行は、巨額の追加融資を何度も実施し、ほぼ無条件・無担保で、膨大な額の資金をきわめて低い金利で各銀行に貸し付けた。新たに策定した貸出条件付長期資金供給（ＴＬＴＲＯ）計画のなかで、欧州中央銀行はようやく企業への貸出条件を明記した（この場合に、まさに問題があったということなのだろう）が、制限について記述は依然として曖昧で、債務不履行が生じた場合の罰則を規定していない。そのため、危機が発生すると、欧州中央銀行は自らの役割に対する狭い見方（物価の安定だけを目指すという役割）を見なおし、銀行部門の救済に乗り出すほかなかった。

他の国の中央銀行とは異なり、欧州中央銀行は当初、公的債務保証のために介入することを拒んでいた。このことが、２０１０年以降のユーロ圏のソブリン危機をさらに悪化させた。ようやく2012年になって、欧州中央銀行は、この問題に関し、従来の方針を多少改めた（国債購入プログラム「OMT」を打ち出し、市場が特定の国の国債を売り浴びせたら、介入すると宣言したのだ）。だが欧州中央銀行は、加盟各国に対するすべての支援を、厳しい緊縮策に従属させ、その一貫性のなさをあらためて露呈した。

**貨幣政策の再構築**

基本原則に立ち戻る必要がある。貨幣は社会と政治の制度であり、社会の価値の表われであり、社会的富である。中央銀行はまず何よりも雇用をその優先課題とすべきだ。中央銀行の役割は基本的に政治であり、その運営者は、すべての利害関係者を代表するものでなければならず、したがって、製造業や商業、サービス業のほか、労働組合やとりわけエコロジー志向のアソシアシオンの出身者が務めるべきだ。

こうして現在、ぜひとも改革すべき点が明らかになる。

・欧州連合が単一通貨で結ばれているために、この通貨の存立基盤である原理を再検討できない。何よりもまず必要なのは、加盟各国の公債が安全な資産になることだ。そのためには、欧州中央銀行が各国の国債を保証すること、つまり主な市場に介入できるようにすることが必要だ。加盟各国は低い金利で公債を発行できるようにしなければならない。欧州中央銀行による公債の保証は、完全雇用とユーロ圏内部の不均衡解消を目標とする経済政策の調整において全面的なものでなければならない。

・各銀行に義務づけられている自己資本比率規制、いわゆる健全性要件[05]は、金融システムの安定性確保には役立たない。むしろこの規制は逆効果である。この規制があるために、各銀行は、ヘッジファンドのような、規制の少ない金融市場の担い手にリスクを移転したり、与信と介入の調整を金融市場に委ねてしまう。預金銀行と投資銀行を厳格に区別することが欠かせないし、第12章ですでに論じたとおり、欧州中央銀行は、今後、投資銀行への融資をやめるべきだ。

▼05 各銀行は与信供給量に対する自己資本の比率が定められた値を超えてはならないとする規制。

ユーロの導入は、内情が著しく異なる国々で共通の貨幣政策が施行されるという、調整の困難な状況を招いた。もはや金利は、欧州中央銀行が証明しているように、唯一効果を発揮する貨幣政策ではない。現に、欧州中央銀行はその金利をゼロ近くまで引き下げたにもかかわらず、ユーロ圏は不況から脱却できずにいる。欧州中央銀行は、拡張主義的な財政政策を続けるべきだ。各国の金融管理当局には、市場以外で使える規制措置がいくつもある。具体的には、（エコロジー的移行や社会住宅）など特定のプロジェクトに対する融資金利の優遇化や、与信を選別し、拡大するための資金準備の義務化などが挙げられる。この資金準備の義務化は、不動産バブルが発生した場合、不動産信用の高騰を食い止めるための措置だ。

欧州中央銀行はユーロの為替レートについて方針を定めることが望ましいが、それには困難がともなう。現在のユーロの価値は、一部の国々（南ヨーロッパ諸国やフランスなど）にとっては高すぎ、その他（北ヨーロッパ諸国）にとっては低すぎ、しかもユーロ圏全体は多額の貿易黒字を出して、ユーロ圏以外の国々を苦しめている。このジレンマは、貿易黒字を抱える国に、「上から」国内の需要増で黒字を減すようにさせるために、経済政策、財政政策、所得政策の方針を変えさせないかぎり、単一通貨による貨幣政策では、方針変更ができないということを示している。

したがって、貨幣政策を変更するには、やはり金融が市民全員の役に立ち、社会全体の利益に適うことが不可欠だ。

**われわれの提言**

欧州中央銀行の目標を拡大し、完全雇用の実現と、経済活動の維持を目指す。

この目標達成に向け、新しい政策を導入する。具体的には、優遇金利を設定して、エコロジー的移行や産業構造の変革に向けた融資を促し、特別な資金準備を義務化し、投機行為を抑制する。

欧州中央銀行に欧州連合の加盟各国の国債を保証させ（必要であれば直接国債を購入させる）、加盟各国が経済政策を開示し、協調できる環境を整える。

欧州中央銀行の定款を改革する。欧州中央銀行の定款は、特に欧州議会を中心とする真に民主主義的な体制が規定すべきだ。

# 第14章

# ユーロ

## ——変革すべきか、廃止すべきか？

2014年の時点で、ユーロ圏の失業率は11パーセントを超えている。ギリシャとスペインの失業率に至っては25パーセント以上に達している。マイナス成長が2年続いたのち、ユーロ圏はデフレの淵に追い詰められている。こうした状況のなか、人々はどうしても欧州連合に対して不信感を募らせている。そのことは先頃の欧州議会の選挙結果によく表われている。

こうした不信感が広がるのも当然のことだ。欧州連合の構築は、自由主義的な構造改革を押しつけ、公共支出を削減し、ヨーロッパが目指す社会モデルを批判するのに用いられてきたからだ。現在の危機的状況は、金融に支配され、制御不能になった資本主義が陥った危機だが、こうした戦略と決別していない。より悪いことに、現在、実施されている改革は、統治のルールを自由主義的な意味で強化している。

今、ヨーロッパでは、現状を打破することが必要だ。それには2つの異なる選択肢がある。とりわけユーロを他の基盤のもとで再構築するか、ユーロの存在意義をあらためて疑問視する必要がある。現状を維持しても、危機的状況がより深刻化するだけだ。

**欧州連合基本条約の失敗から学ぶ**

現在の欧州連合基本条約は、加盟各国に致命的な制約を押しつけてきた。各国の政策協調の代わりに押しつけられたこの制約により、経済の再活性化や分岐に向けた、各国共通の戦略はすべて不可能になってしまった。

欧州中央銀行は、あらゆる政治権力から「独立した」組織として、つまり民主主義の支配をいっさい受けない組織として理解されてしまった。欧州中央銀行の使命は物価の安定を確保することにある。そもそも欧州中央銀行は、最初から経済活動や雇用の維持を自らに禁じているのである。欧州中央銀行は、（アメリカ合衆国やイギリスの中央銀行とは異なり、）公債や証券を直接購入する権利、そして加盟各国の負債返済能力を保証する権利をもたない。このため各国の負債返済能力は金融市場の手に委ねられた。

さらに悪いことに、加盟各国の「非連帯」条項は、財政難に陥った加盟国が、連合の他の加盟国から支援を受けることを禁じている。このため欧州連合は、公共財政の「逸脱」を防ぐ「守護神」として、金融市場を導入した。だが実際には、この金融市場がそのやみくもな行動によって今回の危機を招いたのである。

欧州連合は、行きすぎた競争と金融化という、自由主義的な戦略の失敗から何も学ばなかった。それどころか、実際に実行された改革は、新しい「ルール」の導入により、欧州連合の統治をよりいっそう、強権的なものにしてしまった。

・2012年に調停された財政協定「経済通貨同盟の安定・協調・ガバナンスに関する条約（TSCG）」により、財政規律は強化された。公共財政は「財政赤字を国内総生産の3パーセントから0・5パーセント以下に抑える」という、これまで以上に非現実的で経済的根拠のない「鉄則」の制約を受けることになった。財政内容がこの条件を守れないと、「経済均衡を取り戻す」ルールが自動的に適用され、財政難はさらに悪化することになる。

・「シックス・パック」と「ツー・パック」▽10からなるヨーロッパの8つの法制《ルール》により、欧州委員会に委ねられた監視権限は大幅に強化された。これ以降、欧州委員会は、加盟各国の予算を、その国の議会提出前に審査し、是正を要求できるようになった。このルールに従わない加盟国は監視下に置かれる場合もある。一方、とくに雇用を維持するための、その他の加盟国協調戦略は規定されていない。

・欧州安定メカニズム（ＥＳＭ）は、財政難に陥った加盟国に対する協同救済システムを導入した。これは一歩前進のようにも見える。しかし支援を受ける加盟国には厳しい緊縮策が課される。

**ユーロの落とし穴**

単一通貨であることで、ユーロ圏では、各国間の為替レートの変動が起きなくなった。ところで、為替レートの変動には2つの役割がある。長期的に見ると、為替レー

▽10　監視強化について、２０１０年から２０１１年にかけて6つの、２０１３年に2つの提言がなされた。

トの変動は各国間の経済的発展の差（生産コストや海外収支）を調整する働きがある。短期的に見ると、為替レートの変動は、価値の変動を通じて、貿易収支の均衡を取り戻す。格差があまりなく、カネや人、モノの移動が容易で、連帯性の高い経済圏（たとえば1国内の各地方）だけが、同じ通貨によって継続的に機能できる。逆に、経済情勢や経済戦略が異なる国と国のあいだで単一通貨を維持するのはきわめて難しい。

こうして、ユーロを永続化する条件は満たされていない。ユーロ圏各国での景気対策に一貫性をもたせる経済政策の協調も、ユーロ圏の組織を高める巨大プロジェクトを維持できるほどの潤沢な予算も、財政や社会の「劣化《ダンピング》」を招く、有害な経済競争を防止する協定も存在していない。そして何よりも、現実の経済と加盟各国の経済政策に役に立つ加盟各国と欧州中央銀行との協力もない。

ユーロの価値は、とりわけ構造基金が配分されたこともあって、一時期安定を取り戻したが、その後、加盟国間でその格差を増大させた。ユーロの価値は、南ヨーロッパの国々（スペインやギリシャ、ポルトガル、フランスなど）にとって高すぎ、北ヨーロッパの国々（ドイツやオランダなど）にとっては低すぎる。北ヨーロッパ諸国は2000年代の初めに緊縮策を選択し、多額の貿易黒字を蓄えた。この北ヨーロッパ諸国の経済モデルは、国内需要を縮小し、他国から市場と雇用を奪うことで成り立っている。南ヨーロッパ諸国は、2008年まで、ユーロ圏の成長を支えたが、しかしその代償として、民間部門の債務が増大し、貿易赤字が維持不可能な規模まで膨らんだ（その比率はギリシャ、ポルトガル、スペイン各国の場合、国内総生産の10パーセントにまで達した）。

2010年以降、ヨーロッパはこうした赤字国だけに、調整の重荷を負わせてきた。こうした赤字国は賃金を引き下げ、社会保障給付や公共サービス費を減額することで、「国内の通貨切り下げ」しか方法がなくなった。こうした政策は壊滅的な結果を招いた。国内総生産が激減して、失業が急増し、デフレが到来した。たしかに南ヨーロッパ諸国は貿易赤字を解消したが、その主な理由は、国内の需要が鈍化し、輸入が激減したからである。本来であれば、貿易収支の不均衡は別の方法で解消すべきだった。具体的には、貿易黒字国に、賃金や社会保障給付金の引き上げとエコロジーの回復への投資により、国内需要を活性化するよう求めるべきだった。

脱税防止に関する多少の進歩（ルクセンブルクやスイスは脱税行為を認めないと約束した）、ドイツの最低賃金の成立、ヨーロッパ銀行同盟の各銀行に対する監視強化への約束では、「上からの」危機脱出には、まだ充分である。

## ユーロをどうすべきか

現在、欧州連合の指導者たちは、なんら抜本的変革をしないために、存在する問題を部分的に変えることよしとしている。それが経済危機の行き詰まりに陥る保障となっている。

この行き詰まりから脱却するには、2つの選択肢がある。

### ユーロ圏の機能を根本から変革する

ユーロ圏を維持するには、現在、世論を支配している自由主義的なドグマと決別し、経済政策同士の開かれた協調に基づいた、新しい連帯を導入する必要がある。加盟各国は一貫性のある目標を掲げて、経済活動と海外収支を調整すべきだ（貿易黒字が多額になった場合は、国内需要を活性化するなり、再生可能エネルギーなど、南ヨーロッパで進められている産業プロジェクトに投資すべきだ）。また、賃金引き上げ（賃金が非常に下がった分野に対し、賃金や社会保障のリフレ策を適用する）や、エコロジー的移行、社会的移行などの目標を掲げるべきだ。構造基金を増額してこうした政策を実施すれば、各国間の競争力格差が縮小し、各国経済の均一化が進むはずだ。こうした政策は、欧州連合の実効性のある予算措置とともに実行されなければならない。こうした有効な変革を一度実現すれば、ユーロ圏を維持することは、景気変動の経済政策ではなく、エコロジー的移行、金融支配に対する闘いに関するより有効な協調的経済政策を推進する可能性を与えてくれるだろう。だが現在、このシナリオとりわけドイツのようなある種の国々の反対に遭っている。こうした国々は、欧州連合の経済政策を、現行の欧州連合基本条約の枠内に留め、連合とその加盟各国の指導者階級の意志にそれを従属させたいと考えているからだ。しかも指導者階級は、ユーロ圏の他の国の労働者に賃下げと社会保障給付の減額を受け入れさせることで、自国の賃金労働者と他国の賃金労働者を闘争させつづけようと望んでいるのである。

**ユーロ圏の終焉**

どの加盟国もそこまでは望まず、ユーロの立てなおしに必要な改革に向けた取り組みがなされないとしても、一部の国々（南ヨーロッパ諸国やフランスなど）は、経済的、社会的にコストが高くつきすぎるという理由からユーロ圏に留まることを諦める可能性はある。このユーロ圏分裂のシナリオは、国の内情がさまざまに異なる国々のあいだで単一通貨を維持することがいかに不可能であるかを物語っている。ユーロ圏が分裂すれば、ドイツは自国通貨の価値が切り上がって、価格競争力が衰え、貿易黒字が消滅する。南ヨーロッパ各国は経済政策の自主性を取り戻し、新たな基盤から再出発することができるだろう。こうした国々の人民は輸入品の価格高騰と、国際収支の赤字の増大に苦しむことになろう。だがこうした悪影響は、現在、こうした国々の人民に課せられている緊縮策に比べれば、それほど深刻なものではありえないだろう。南ヨーロッパの産業は価格競争力を取り戻すはずだからだ。そうなれば、南ヨーロッパ諸国はこの余力を利用して、生産性を再活性化できよう。だがこれは簡単な解決策ではない。そのためには、社会を動員し、再工業化を推進し、不正行為や汚職と戦う社会と政治の協力を組織することが前提とされる。こうした解決策にはさまざまなリスクがつきまとう。とりわけ、通貨の変更にともない、債権と債務の処理のために、銀行や金融機関が危機に陥るリスクが大きい。それでも、こうした危機は、銀行や金融機関の行動規律をふたたび正すチャンスにもなる。そして、現行の緊縮策も、ヨーロッパの銀行や金融機関を弱体化させている。こうした現状と離れることは、現在、欧州連合が課しているさまざまな制限が招いた閉塞状況に比べれば、より希望のもてるものになるだろう。つまり、ヨーロッパを新しい基盤のもとで再活性化する必要がある、ということなのだ。なぜならヨーロッパは、斬新なプロジェクトを実行して独自の社会モデルを構築し、世界の統治のあり方を左右し、温暖化との戦いに貢献するうえで、不可欠の存在だからだ。ユーロを放棄することは、石器時代に戻るということではない。歴史をふり返れば、異なる国々で構成されるグループが通貨政策を見なおした例はいくらでも見つかる。ユーロを廃止し、欧州連合を立てなおすことはもちろん簡単な仕事ではないが、実現に至る道はあるのだ。

これまでに述べた戦略のうちどの戦略を重視するか、われわれの見解はまちまちだが、基本的な点では意見が一致している。ヨーロッパは悪い方向に進んでいるが、欧州連合が立ちなおるうえで必要なのはスケープゴートを探すことではない（いつものように、先頭に立っている外国人も含まれる）。攻撃すべきなのは、欧州連合の危機を招いた真の病根だ。欧州連合は、加盟各国の財政、社会、賃金の問題を上から調和するといった重要な進展がなければ、前に進むことはできない。ユーロを存続させるにせよ、廃止するにせよ、競争力向上の名のもと、賃下げや社会保障の減額によってそれぞれの人民をライバル化し、競争させるといった現状に終止符を打たなければならない。

ヨーロッパの人民は、いかなる場合であれ、ネッソスの上着〔ギリシャ神話に登場する、ヘラクレスがまとって死に至った、ネッソスの血で塗られた上着〕を着て、テクノクラートが唱える自由主義や監視的な連邦主義に閉じこもることがあってはならない。今後、現状を打破する政策実行を決意して政権の座に就く政府は、「ヨーロピアン・セメスター〔欧州連合が定めている半期ごとの政策協調目標〕」に定められている、「経済通貨同盟の安定・協調・ガバナンスに関する条約（TSCG）」の制約を拒否するべきだ。この政府は、ヨーロッパから離脱するためではなく、ヨーロッパの進路を根本から見なおし、野放図な自由主義的グローバリズムと決別した、ヨーロッパ的、経済・社会モデルの構築を目指すことで、ひとつの道を示すべきである。

**われわれの提言**

欧州連合基本条約と、自由主義的なその条項をいったん白紙に戻し、より簡素な条約を立案して、欧州連合と加盟各国の経済政策が新自由主義的な方向に向かわないようにする。

この簡素化された条約には、欧州連合の主要目的として、加盟各国による上からの財政と社会の調和を明記する。

ヨーロッパの予算増大と欧州投資銀行（ＢＥＩ）からの融資によって、ヨーロッパ統合に向けた大規模プロジェクトに資金をつぎ込み、エコロジー的移行を目指す。こうしたプロジェクトは、南ヨーロッパと北ヨーロッパ各国の一致をとりわけ促すものでなければならない。

第15章
# 貿易のルールを考えなおす

２００８年の危機が起きる以前の30年間を通じて、「資本と商品の自由な流通」に向けた歩みが促進されてきた。金融部門でとりわけ顕著だったこの自由化により、大西洋をはさんだアメリカ合衆国とヨーロッパの銀行や金融機関のあいだで伝染病が広がり、いわゆる「サブプライム危機」という金融危機が世界的危機に変貌した。

世界貿易機関（ＷＴＯ）や国際通貨基金（ＩＭＦ）、世界銀行が推進する金融の規制緩和と貿易自由化のモデルは、徐々に世界中に押しつけられ、今日の危機と認められる事態を招いた。真の意味で唯一の多国間機関であるＷＴＯは、今では閉ざされた組織と化している（１９９９年のシアトル閣僚会議以降、各発展途上国は自らの要求を主張するために結束した）。長いあいだ重要な合意はひとつも成立していないのに、２国間合意は盛んであった。欧州連合とカナダの交渉後、アメリカ合衆国と欧州連合とのあいだで進められた大西洋自由貿易地域をめぐる交渉（自由貿易交渉プロジェクト）は、南の諸国の意向に反して、自分たちのルールと規律を押しつけようとするかつての強国の復活を象徴する。

現在のグローバリゼーションは抜本的な見なおしが必要だ。資本の「自由な」流通を認めてしまうと、本宣言で主張された提言は何ひとつ実行に移すことができないからだ。財とサービスの貿易に関して言えば、世界中の労働者を競争させる仕組みに終焉をもたらし、さまざまな国の国民が安泰に暮らすうえで不可欠の数多くの財が自由に行き来できるようにすべきだ。したがって、実際に貿易を手がけている多国籍企業の意向とは逆に、情報と知識は「公共財」の地位を獲得し、どの市民も、情報や知識を疎外されることなく、保護される権利をもつべきだ。

**ソフトウエアの変更を**

自由貿易は、自由主義の反革命の最大の武器である。金融のグローバル化にともない、資本はロンドンの証券取引所からシンガポールの証券取引所へと自由に移動し、原料に投機したかと思えば、公債に投機できるようになった。貿易の自由化により、多国籍企業は世界中の労働者を競争させ、賃金の安い国で最低限のコストで製品を生産し、生産拠点の移転を脅しの手段にして、豊かな国の労働者に賃下げ圧力をかけられるようになった。貿易自由化のおかげで、多国籍企業は節税対策に努め、社会インフラ整備や労働者の育成にともなうコスト負担を免れ、福祉国家の衰退を招いている。今やグローバリゼーションは、エコロジー的移行への参加を拒否する口実になってしまった。国がその費用を企業に負担させようとすれば、企業は国外へ生産拠点を移してしまうからだ。

1970年代から80年代にかけて、先進国は発展途上国に貿易自由化を押しつけ、時には乱暴に自分たちの身を守った。こうして、共通農業政策を掲げたヨーロッパは、アメリカ合衆国同様、農業原料に関して要塞を築き、生産主義的農業モデルに補助金を支給して域内の市場を独占し、多くの南の諸国の食糧生産的農業を破壊した。同様に、製造業やサービス業部門でも、（アメリカ合衆国と欧州連合をはじめとする）北の諸国は、「知的所有権」の名のもとに非関税障壁を築き、高度な技術を駆使する製品を保護し、南の諸国が追いつくことを阻止した。特許の効力がどの国にも等しく適用され、1994年、マラケシュで調印された「知的所有権に関する協定（Adpic）」により、南の諸国禁輸的な値段で販売される特許薬を買うほかなくなった（ウイルス性肝炎の治療薬には8万ドルがかかる）。これ以降、こうした諸国は、病気になった人民の治療用に、価格の安い後発薬《ジェネリック》を自由に輸入できなくなった（ただ、特定の伝染病については後発薬の輸入を認める合意ができている）。

社会規範と環境規範を遵守する企業と、遵守しない企業が「自由」に競争すること自体が、そもそも誤りなのだ。経済活動を隔てる国境を開放すること、それ自体が目標なのではない。重要なのは、人々が安泰に暮らせるために役立つようにすることだ。エコロジー的移行と社会的移行を実現するには、世界中に広まったこの自由貿易と決別する必要がある。

世界各国が調和のとれた発展を遂げ、悲惨な状態に陥らないことこそが、人類の利益につながるのである。そのためには、各国の協調を促す新しい国際規制を設けるだけでなく、各国が充分な経済政策や社会政策に関して充分な余裕をもてるよう、保証する必要がある。

行なう。

## 国際協調の刷新に向けた多国間の枠組み

各国の協調体制の刷新に向けた多国間の枠組み構築のために、以下、3つの提言を行なう。

## 資本の「自由な」移動を見なおす

1986年の単一欧州議定書に明記された「第4の自由」[11]によって、「資本の自由な移動」の範囲はヨーロッパ各国だけでなく、世界全体に広げられた。金融業界が強引に勝ち取ったこの決定は破局的結果を招いた。この決定により、資本は短期それも非常に短期で、なりふりかまわず投機に走るようになる。資本が世界のどこへでも移動できるようになったことで、各国の労働者の競争を招く。さらにこの決定により、租税回避地《タックスヘイブン》への逃避が認められる。欧州連合域内では、2012年以降、方針変更が導入されている（ないしは検討されている）。しかし、この取り組みはさらにより速く進む必要がある。より広範囲に、かつ迅速に、方針の見なおしを進める必要がある。あらゆる金融取引を対象に本格的に課税すれば、短期資本（投機性のもっとも高い資本）の気まぐれさを止められ、投機専用の金融商品の禁止に弾みがついて、金融デリバティブ商品は制限され、さまざまな金融資産市場でバブルが再発することは不可能になるはずだ。(ＩＭＦが直面するようになったように)各国や国家グループに、企業の長期的投資を促す規則を設けさせたり、投機目的の資本移動に罰則を与えたり禁じる権限を与えることは、成長にとって好都合だろう。

**2国間の自由貿易協議をただちに中止させる**

現在、多くの場合、秘密裡に進められている自由貿易協定に向けた協議は、貿易の障害と考えられている現実に生きている公衆衛生基準を廃止することで、市場を拡大することを目指している。こうした協議は、「合意実現の任務を帯びた人々」をはじめ、多くの専門家が、その得られる利益は極小であるとして、その正当性を否定しているのだが、これはかえって状況を悪化させるだけだ。今、目指すべきは、公衆衛生基準の解体ではない。より重要なのはむしろ逆に、生産工程と製品が、そこに組み込まれ、その持続可能性を保障しているエコシステムを尊重しているかどうかを監視す

▽11　欧州議定書には4つの自由が明記されている。第一は商品とサービスの移動の自由、第二は企業や銀行の進出の自由、第三は人間の移動の自由、第四は資本の移動の自由である。

ることだ。気候と公衆衛生、海洋の保護は、全世界の公共財というレベルに到達し、そうしたものとして扱われねばならない。環大西洋貿易投資パートナーシップ〔仏：TAFTA／英：TTIP〕に向けた協議はただちに中止すべきだ。この協定は、公衆衛生基準を解体し、ハードルを低くして調和させることだけでなく、多国籍企業が、「利潤を目的とすることを制限する」政策をとる国々を相手取って、訴訟を起こせることを目指しているからである。

「後発薬」などをはじめ、さまざまな製品やサービスは、むしろ逆に利用できるようにならねばならない。「知識や情報」などは「公共財」の地位を獲得し、誰もがそのアクセスを無差別に保護される権利を承認されねばならない。

**社会と環境の保護に向けた法体系を構築する**

エコロジー的移行と社会的移行を実現するには、現在の貿易を支配しているルールと決別する必要がある。このルールには、社会や環境を「劣化させる人々」に対する罰則がまったく盛り込まれていない。むしろ逆に、自由放任主義の立場からグローバル化を唱える人々は、既存の保護策（たいていは規則という形式をとっている）を、打破すべき足枷《あしかせ》となる非関税障害とみなしている。各国がそれぞれの福祉社会モデルを守り、エネルギーの転換に取り組めるようにするには、社会や環境の「劣化《ダンピング》」のうえに成り立つこうした輸出モデルに罰則を課すことが重要だ。この罰則は、有害な製品の輸入に制裁や制限を加えること――それも場合によっては一方的に――により、実行できる。当面は、（再構築する必要のある）国際紛争を裁く裁判所や調停機関による検査で実行できる。審査させることが望ましい。

同じ精神のもと、「欧州連合の加盟国」をはじめとする所得水準の高い国では、移民労働者や祖国を追われた労働者が、その国の生活水準を支配する規則に対応した賃金や社会保障給付を受けられるようにすべきだ。そして賃金や社会保障費は、そうした労働者を雇う企業や、遂行される仕事の発注主が責任をもって支払うべきだ。

新興国や東欧の特定の国々は、安い労働力で得られる利点を短期間、享受し、新興産業（あるいは昔の産業）を育成してかまわないが、その際、「先進国に追いつくこと」を心がけ、賃金を引き上げ、社会保障制度を充実させることが条件になる。さらに、こうした国々で生産活動を展開する多国籍企業は、自らの賃労働者そして業務委託先の賃労働者の労働条件や生活水準の改善に責任を負っている。多国籍企業がこうした責任を負わない場合は、先進国が制裁を課すべきだ。

貿易収支の黒字化を目指す戦略は幻想にすぎない。特定の国々の貿易収支の黒字は、別の国々の貿易収支が赤字に基づいていて、ヨーロッパで提唱された「競争力ショック」戦略の成果を見れば分かるように、すべての国が国内の需要を抑制して、輸出の販路を開拓することなどありえない。ＩＭＦやＧ20、欧州連合は、黒字国に圧力をかけて労働者の賃金引き上げや、社会保障制度の改善を促し、黒字を金融市場につぎ込むのではなく、生産性のある、安定した産業に直接投資させるべきだ。

**各国に自由裁量権をもたせる**

このように国際環境を刷新すれば、各国は自由裁量権を手にして、独自の経済戦略を策定し、世界経済に占める位置のなかで、自国の強みや弱み、目的を勘案しながら、国際分業のなかで独自の地位を占めようとするはずだ。そのことは、それを望む国そして国のグループが、金融市場の変動で決定される利子率ではなく、為替レートの水準に応じて行動できることを前提にしている。

社会保障給付と賃金の引き下げによる均等化を避けるために、各国は自国の社会保障モデルを保護すべきだ。税制を例にとれば、各国はアメリカ合衆国にならって、その住民と市民、その領土で実現された利潤にも課税することが要求される。税の申告義務は一般化されるべきだ。つまり、どの金融機関も、顧客の資産と収入を、拠点を置く国の税務署に申告しなければならない。こうしたメカニズムを設けることで、国境を越えた節税行為は解体する。

国民全般の利益に関わる活動（社会保障や教育、公共財や公共サービスなど）や戦略的に重要とみなされる活動（農業や文化活動など）は、自由化に委ねることができない。同様に、社会の将来を担う産業やイノベーションを育む、あるいは構造的な産業、またエコロジー的移行を目指す産業は、公的援助を享受できるようにすべきだ。公的権力は産業界に介入して、脅威を受けている産業を支援して発展させ、必要があれば、資金を投じ転換を図ったり、関連する雇用の転換を促す権利がある。

今後は、世界の機関（まずは崩壊寸前のＷＴＯを立てなおすこと）に呼びかけて、金融規制を組織し、租税回避地や規制の対象外の地域を解体し、為替レートを管理し、マクロ経済的不均衡を是正して、社会保障制度を充実させ、環境の変化に対処する必要がある。こうした国際機関内部の権力バランスを見なおし、新興国に運営を任せるのが望ましい。

もちろん、こうした政策によって、多くの場合、国際貿易は減少するが、少なくとも環境や社会の「劣化」のうえに成り立つ貿易を抑制できる。こうした政策は、生産拠点の再移転と国内需要の再活性を促し、各国は自らの将来を方向づける権限を手にすることができるようになる。そして、こうした政策により、貿易は環境移転に役立つようになる。現在の不均衡を考えれば、先進国は後進国よりも真剣な努力をしてしかるべきだ。つまり、あらゆる国の発展は持続可能なものでなければならず、後進国は、そうすることで、先進国のように生産主義の轍《てつ》を踏まずにすむのだ。

**われわれの提言**

資本の流通の自由を見なおし、とりわけすべての金融取引を対象に本格的に課税する仕組みをつくる。

2国間協定を禁止し、特定の財やサービスに「公共性」「共有性」を認めて、国際協調体制を見なおす。

あらゆる通商協定に、社会と環境の保護を謳《うた》った項目を盛り込む。

各国に自由裁量権をもたせ、その国独自の社会保障モデルを保護し、戦略的産業部門の育成を図れるようにする。

# 監訳者あとがき——新たな「経済」とは？

## なぜ資本主義は隘路に陥ってしまったのか

2008年のいわゆる「リーマンショック」以後、世界の資本主義経済は、表面的には回復したかに見えるが、実際には回復のからほど遠い状態であると言える。

日本語ではショックという言葉で濁しているが、本来「crisis」という世界一般で使われている用語の意味は、危機、もっとはっきりと言えば恐慌である。マルクスは、恐慌を語るときに英語と同じ意味のドイツ語の「Krise」を使っている。

言葉を巧みに変えていくことは、ひとつの巧妙なレトリックである。ユダヤ教にミドラシュという学問があるが、これは『聖書』の意味をレトリックによっていかに変えていくかという方法である。そのひとつの解釈に『聖書』の言葉を別の言葉に言い換えて、どんどん内容をずらしていく方法がある。リーマンショックという言葉は、まさにそうしたレトリック的方法とも言える。恐慌から、「危機」、危機から「ショック」、ショックから「一時的な麻痺状態」とどんどん言葉をずらしていくと、問題の本質もまたどんどんずれていってしまいには、まったく何がなんだかわからなくなるのである。

ずばり言えば、リーマンショックは１９２９年に匹敵する大恐慌であったと言える。

もちろん同じ歴史は二度と繰り返されないので、その内容やその後の事態がまったく同じというわけではない。金融の肥大化や、資本主義の成熟、冷戦体制の崩壊など、歴史的に見て大きく変化した事柄は確かにある。ただ基本的に需給の不一致という資本主義の無政府性の問題が引き起こした問題であることは、今回の場合も否定できない。だから、この不一致で生じた膨大な負債が解消されるまで、その復活に時間がかかる点では、大恐慌と同じであると言ってもよい。その解消が戦争によるか、ゆっくりとした調整によるかは別として、10年以上はかかるであろう。

しかし今回の恐慌の問題は、これまでの恐慌と決定的に違う問題を抱えている。それは資本主義が過剰蓄積によって巨大な資本を抱え、さらには過剰な生産供給によって過剰な生産物を抱えているという問題である。恐慌が過剰生産、あるいは過剰消費で起こるとすれば、そうした事態が起こっていることは当然のこととも言えるが、実は恐慌とは、過剰生産や過小消費を暴力的に解決する調整過程であるのだ。暴力的調整過程の典型は、19世紀の恐慌のように循環的恐慌のかたちをとる場合を言う。

しかし、これが１９２９年恐慌のような、循環型ではない破局型の調整をとる場合には、戦争や破壊といった過程として出現する。これは資本主義が究極的な危機を迎えたときに起こる。その危機とは何かといえば、過剰生産と過剰資本が解消できず、経済成長が止まる時である。当然ながら、ケインズ主義的国家は国家が赤字国債を出すことで、つねに有効需要を促進し、過剰生産や過小消費が起きないように、その調整に努める。

しかし、１９７０年代に大方こうした国家による調整メカニズムは機能しなくなっていたともいえる。それがまさに１９８０年代にサッチャーやレーガンの新自由主義政策の勃興を呼び出したのである。マルクスは、過剰資本と過剰生産を解消する方法として、資本の移動、海外市場の獲得、新製品の開発などを上げているが、国家という枠に閉じ込められている限り、こうした政策は問題とならない。新自由主義はスタグフレーション（「stagnation［停滞］」と「inflation［インフレーション］」を合成した言葉。不況と物価の持続的な上昇が併存する状態を指す）といった状態、すなわち国家の公共事業によっても景気が回復しない状態の中で台頭してきた。恐慌を起こさない国家による調整過程が、資本主義の爆発的発展（経済成長）を阻害しているという批判がそれであった。

そこで海外市場、とりわけ社会主義圏とアフリカ・アジア圏の市場をこじ開けることを始めることが、新自由主義の始まりとなる。1980年代以降のアジア・アフリカの民主化、社会主義の崩壊といった「美名」のもとで行なわれたことは、実際には、これらの国の保護を破壊し、過剰資本と過剰生産の受け入れる受け皿を強引につくりだしたということである。しかし、いずれにしろこうした市場の開放はやがて行き着く限界をもつ。そこで、国家による調整ではなく、金融市場と自由貿易によるいわば空の擬制信用を創出する必要が出てくる。それが1990年代から始まるさまざまなバブルの原因であった。

こうしたバブルをつくりだせても、新製品の開発、新市場の開拓がなければ、いずれは販路の拡大は終わる。現在の資本主義はそうした段階に到達しているとも言える。人類史において、18世紀半ばに始まった産業革命は、世界の人口を一気に拡大し、世界の生産を一気に高め、人々の生活を発展させた。しかし、その限界に今少しずつ近づきつつあるのである。資本主義的メカニズムは、たえまなく資本の自己増殖を促進する点で、短期的に生産力を上げる最高のメカニズムであるが、それが逆に成長の限界を早々とつくりあげることになってもいるのだ。とりわけエコロジーの問題は深刻である。

資本による過剰生産と過剰供給を解消するための方法が、このエコロジー問題と正面から衝突するのである。エコロジーを使った発展という考え方は、皮肉なことにそれ自体エコロジー問題を危機に至らしめてしまうのである。ゆるやかな成長といった考えがそこかしこで出現するのはそうした事実を反映している。

### 「ヨーロッパの怒れる経済学者たち」はどう考えるのか

フランスでは2012年、リーマンショック以後フランス経済を復活させようとフランソワ・オランドが大統領の座に就いた。サルコジ大統領は、2007年にその座に就いたが、彼の政策は、新自由主義の方針にしたがって、福祉国家フランスを解体し、新自由主義的世界の市場のひとつに変貌させていく点に主眼があった。

国内においては、国家の赤字を減らし、海外企業の誘致のために優遇処置を行ない、競争力を高めると称して賃金を下げ、非正規労働を増やし、資本家への優遇税制を行ない、海外ではフランスの製品を売り歩き、EUにおいてはドイツと一緒になって自由主義を拡大することが、サルコジ大統領の政策であった。オランドは少なくとも大統領に当選した当初の時点においては、こうした動きに反対する流れに位置していた。

本書の前身である最初の宣言は、2010年に出版された（邦訳『世界をダメにした経済学の10の誤り──金融支配に立ち向かう22の処方箋』西谷修監修、林昌宏訳、明石書店、2012年）。その後、「ヨーロッパの怒れる経済学者たち」は続けざまに『経済を変えよう！　2012年に向けての提言』（2011年）、『盲目の20年　深い穴の前にいるヨーロッパ』（2011年）、『ヨーロッパを変えよう！』（2013年）といった具合に、フランスはもとよりヨーロッパ諸国に衝撃を与える書物を出版しつづけている。

2012年のフランス社会党のオランド候補は、まさにこうした人々に衝撃を与えた出版活動の流れを受けて、大統領選に臨んだとも言える。しかし、当選後の彼はサルコジと見間違うかのような状態に陥っている。国内においては資本への優遇税制を改めることができず、失業率を下げることも、労働者の不安を解消することもできていない。しかもドイツの政策（社会的市場経済、秩序あるリベラル主義）と一緒に、ギリシア危機に対しても緊縮財政を強いるということを行なったのみならず、徹底した赤字減らしを実行し、フランス国内において緊縮財政を強いている。しかしその一方で、2013年からは、マリ、中央アフリカ、さらにはイスラム過激主義に対抗するアフリカの組織を後援するために膨大な予算を軍事支出に割いている。

フランス社会党は、保守のフランス共和党以上に過去のフランス帝国の栄光に憧れる政党になってしまった感がある。それが国民戦線のような極右政党の台頭がフランスで起こる原因となってもいる。

オランド自身、政治学院の教師でもあり、経済の専門家である。とすると、完全な新自由主義の経済学者の1人となった彼なら、この提言をいったいどう理解するのであろう。

「ヨーロッパの怒れる経済学者たち」（直訳すれば本書サブタイトルにあるように「（現状に）呆れた経済学者たち」だが、直接のやりとりを通じて、彼らの思いを汲み、名前はあえて「ヨーロッパの怒れる経済学者たち」とした）のなかで主要な経済学者の名前を挙げると、日本でも邦訳が出ているバンジャマン・コリア（『逆転の思考』藤原書店、1992年など）、ロベール・ボワイエ（『金融資本主義の崩壊――市場絶対主義を超えて』藤原書店、2011年）、フレデリック・ロルドン（『なぜ私たちは、喜んで〝資本主義の奴隷〟になるのか？――新自由主義社会における欲望と隷属』作品社、2012年）、アンドレ・オルレアン（『価値の帝国――経済学を再建する』藤原書店、2013年）などである。レギュラシオン学派が中心をなしているようであるが、幅広い経済学者を集めているとも言える。ロルドンは、現在のEUのなかに潜むエリート支配体制を危惧し、民主主義の復活を主張している。若手の有望株で本書にも日本語版序文を寄せているダニー・ラングは、ミシェル・デヴォリュとの共著の論文で、EU体制をずばり「監視された連邦主義」であるという言い方をしている。この集団の経済学者たちは、経済学という狭い分野から現在の資本主義経済を批判しているのではなく、新しい民主主義のあり方を含む、もうひとつの選択肢としての未来社会を提言しているのである。

彼らの活動は、ホームページに紹介されている（http://www.atterres.org）。彼らは、2000名以上のヨーロッパの経済学者集団だが、その主張には必ずしもひとつのまとまりがあるわけではない。これまで出た著作は、本書をのぞいてそれぞれ共著であり、それぞれの論客がそれぞれの論文を掲載するというかたちをとっている。しかし本書は、今までの著作と違い著者名を消した集団的著作であり、その意味で本書こそ現状に呆れている怒り心頭の経済学者たちの「真」の宣言ということになるのかもしれない。この組織を構成する学者の名前を見ても、レギュラシオン学派からネオ・ケインジアンまで多種多様である。その思想の多様性を、ひとつの宣言にまとめる作業に数年の年月が必要だった理由はわかる。

さて私が本書と関わるようになったのは、一昨年日本を吹き荒れたトマ・ピケティ旋風がきっかけであった。2014年7月、ピケティ旋風が起こる直前NHKのBS第1放送の「グローバルディベートWISDOM」という番組から出演依頼があり、そのテーマがピケティをめぐる「問われる資本主義――激論『21世紀の資本論』」であった。『21世紀の資本』（山形浩生・守岡桜・森本正史訳、みすず書房、2014年）のアメリカでの爆発的な売れ行きを反映した放送であったのだが、同じNHKのEテレで「一週間de資本論」（2010年）、NHKカルチャーラジオで「歴史再発見　21世紀から見る『資本論』――マルクスとその時代」（2011年）という番組に出演したこともあり、テーマが似ているということで（なぜか私には不明だが）、依頼があったのだろう。『21世紀の資本』は、マルクスの資本論とはまったく内容の違うものであったが、世界で起こる貧困問題をどう解決するかという点では共通点があったので、出演を受けることにした。

その際フランス側からの出演者を誰にするかということで、最終的に決まったのが、「ヨーロッパの怒れる経済学者たち」のメンバーで書記の、ピケティにも近いパリ13大学准教授ダニー・ラング氏であった。２０１５年の10月、私が中心となって神奈川大学で組織している「フランス週間」のテーマを「フランスとＥＵ」という表題に決めた際、フランス側からの招聘者として、このダニー・ラング氏の名前がすぐに浮かんだ。彼とともにメンバー、ボルドー大学准教授エリック・ベール氏にもお越しいただくことにした。

シンポジウムは10月12日と13日の2日間開催されたのだが、総合司会は私で、日本からはユーロ問題に関して同志社大学の浜矩子氏、ＥＵ問題に関しては青山学院大学の羽場久美子氏にご登場いただいた。それと来日中の私の友人のリヨン第3大学名誉教授のアラン＝マルク・リュ氏にも、ＥＵの理念についてお話しいただくことにした。おりからのシリア難民問題とフランスとロシアによるイスラム国組織への空爆もあり、シンポジウムは盛会であった。

## 『新宣言』のもつ意味

さて、本書の特徴について簡単に説明しておきたい。私はマルキストであり、この主張に全面的に賛成するものではない。しかし、今ある意味、すでに不吉な世界に、全世界が突入している状況のなかで、彼らの主張には頷《うなず》けるところが多々ある。それは彼らが主張する、ある意味ありきたりな緊縮財政批判や、ユーロ批判、資本主義への国家の介入といった問題ではない。すでに最初に述べたように、資本主義経済という枠組みでは越えられない問題が山積みしていて、こうした国家の介入だけでは問題はけっして解決できないと考えるからである。

では何が頷ける問題なのか。それは新しい経済の在り方に対する見方、「アソシアシオン」という概念についてである。アソシアシオンは日本語には適訳がない。それはそもそもこうした思想が日本にないからである。こうした組織を説明するとしたら、パーティーのことを考えたらいいだろう。パーティーの参加費用を一律にするのではなく、それぞれの支払える額にするとしよう。100円払おうと1万円払おうと、パーティーの参加権は同等であるとするのである。持分が多いか、多くないかとは関係なく、権利が平等となるのである。御祝儀と言われるものは、だいたいそういうものであるので、ご理解はいただけると思う。しかしこれが会社組織の出資となると途端に、拒否反応が出るだろう。それは、出資比率に応じて利益が配当されるシステムになじんでいるからである。アソシアシオンは出資額とは関係なく、1人1票である。協同組合との違いはここにある。

本書のキーワードでもあり、「共同《シェア》」という概念を支えるものであるアソシアシオンは、出資と経営参加の両方をもつ経営方式であり、しかもそれは出資比率と発言権が直結しておらず、どんなに小さな出資でも発言権がしっかりと確保されていることに特徴がある。私的所有が社会化するという問題は、日本では多くは国有化と考えられてきた。しかしマルクスの語義にしたがうと、私的所有の社会化とはアソシアシオン化であり、国有というもっぱら法的な社会的所有概念の問題ではない。社会化とは所有のあり方が民主化されることであり、そうだとすると国家権力に所有が移転するのは社会化とは言えないわけである。

さて、本宣言ではエコロジー的な移行、すなわち生態系を侵害しない経済体制が求められている。その最大の基盤は、資本の自己運動をいかに止めるかという問題で、そのためには人間の世界をいかにコントロールするかという問題が重要になってくる。そこで登場するのが、「民主化」という概念である。民主化とは政治学の問題ではない。経営への、労働への積極的関わり方の問題である。そのキーワードは、民主化、経営の健全化、経営参加、エコロジーへの配慮、情報の開示、教育・文化への貢献、職業と所得の保証ということになるであろう。

　言い方を変えれば、本書で著者たちは、現在の資本主義経済を乗り越える新しい方法を提示した。所有を国有化と考えることで敗北したマルクス主義は、こうした新しい運動と交流することで、あらたな可能性を開くことができるのではないだろうか。

　それこそ、排外主義が世界中に吹き荒れ、貧富の格差を広げる新自由主義に対抗するためにも社会民主主義、リベラル、ケインジアン、マルクス主義者の大連合の可能性も視野に入れるべきだろう。現に、スペインの総選挙で新党「ポデモス」が議席を増やしたことを嚆矢《こうし》として、いまヨーロッパでは様々な運動が巻き起こっている。こうしたピケティ旋風以降に起こった、全世界に燃え上がりつつある現在の新自由主義的資本主義に対抗する新しい可能性を求める動きの火を消してはならない。今こそ諸派が一致団結して、そうした可能性への道を提言し、実現していかねばならない時でもあるのだ。

２０１６年１月１日

的場昭弘

**ヨーロッパの怒れる経済学者たち**（Économistes Atterrés）

２０００名以上からなる、貧富の格差の根本的な是正と民主主義の強化を目指す、新自由主義に対抗するヨーロッパの経済学者集団。参加している主な学者は、レギュラシオン学派からケインジアンまで多種多様である。日本で知られる主要な経済学者を挙げると、バンジャマン・コリア、ロベール・ボワイエ、フレデリック・ロルドン、アンドレ・オルレアンなどがいる。参加者ではないが、トマ・ピケティもまた、この集団に影響を受けている。彼らの初の宣言『世界をダメにした経済学の10の誤り』は、２０１０年に出版された（邦訳は明石書店、２０１２年）。その後、続けざまに『経済を変えよう！　２０１２年に向けての提言』（２０１１年）、『盲目の20年　深い穴の前にいるヨーロッパ』（２０１１年）、『ヨーロッパを変えよう！』（２０１３年）と、フランスはもとよりヨーロッパ諸国に衝撃を与える書物を出版しつづけている。
ホームページ：http://www.atterres.org

**的場昭弘**（まとば・あきひろ）
１９５２年生まれ。現在、神奈川大学経済学部教授。２０１０年、ＮＨＫのＥテレで放送された「一週間de資本論」（全4回）のメイン・コメンテーター。２０１１年、ＮＨＫカルチャーラジオ「歴史再発見　21世紀から見る『資本論』——マルクスとその時代」（全13回）の解説者。主な著作に『大学生に語る　資本主義の２００年』（祥伝社新書、２０１５年）ほか。

**尾澤和幸**（おざわ・かずゆき）
翻訳家。主な翻訳書にロザムンド・キッドマン・コックス『世界一の動物写真』（日経ナショナルグラフィック社、２０１５年）ほか。

# 今とは違う経済をつくるための15の政策提言
## ――現状に呆れている経済学者たちの新宣言

2016年2月20日　初版第1刷印刷
2016年2月28日　初版第1刷発行

著者　ヨーロッパの怒れる経済学者たち
監訳者　的場昭弘
訳者　尾澤和幸
発行者　和田　肇
発行所　株式会社作品社
〒102-0072　東京都千代田区飯田橋2-7-4
電話　03-3262-9753
ファクス　03-3262-9757
振替口座　00160-3-27183
ホームページ http://www.sakuhinsha.com

組版　大友哲郎
装丁　小川惟久
印刷・製本　シナノ印刷株式会社

ISBN978-4-86182-567-5　C0033